职业教育课程体系创新规划教材
决胜职业生涯系列读本

社交法宝

总主编　周骏林　杨燕珠
主　编　何秀兰　黎杏玲
参　编　陈莉莉　苏　琳　陈　实
　　　　陈伟娜　黎嘉莉　刘建卫
主　审　苏国炎

机械工业出版社

《社交法宝》一书主要为学生提供团队精神和沟通技巧两大核心知识，指导学生提升为人处世的能力：从体验目标一致的威力、学习信任彼此的法宝、感受理解包容的魅力、享受团队协作的快乐四个项目指导学生融入团队，实现1+1＞2的效果；从把握有效沟通的内涵、重视人际沟通的礼仪、学会设身处地的倾听、提升与人交谈的技巧四个项目指导学生提高沟通技巧，成为沟通高手。本书结合学生实际特点，采用任务驱动教学法，创设现在学习或未来工作的情景，使学生通过完成任务感悟知识。

本书既可作职业院校就业与创业指导课程的教材，又可作为班主任开展班级教育用书，也可供学生自学使用。

图书在版编目（CIP）数据

社交法宝/何秀兰，黎杏玲主编．—北京：机械工业出版社，2011.8（2017.7重印）
职业教育课程体系创新规划教材．决胜职业生涯系统读本
ISBN 978-7-111-35600-4

Ⅰ.①社…　Ⅱ.①何…　②黎…　Ⅲ.①人际关系学—中等专业学校—教材　Ⅳ.①C912.1

中国版本图书馆CIP数据核字（2011）第160256号

机械工业出版社（北京市百万庄大街22号　邮政编码100037）
策划编辑：宋　华　责任编辑：聂志磊
封面设计：马精明　责任印制：李　洋
北京联兴盛业印刷股份有限公司印刷
2017年7月第1版第6次印刷
184mm×260mm・8印张・180千字
标准书号：ISBN 978-7-111-35600-4
定价：28.00元

凡购本书，如有缺页、倒页、脱页，由本社发行部调换

电话服务
服务咨询热线：（010）88379833
读者购书热线：（010）88379649

网络服务
机工官网：www.cmpbook.com
机工官博：weibo.com/cmp1952
教育服务网：www.cmpedu.com
教育服务网：www.golden-book.com

前　　言

这是一本教材，一本融入任务驱动教学法的教材，一本可以通过完成各项任务而领悟知识点的教材，一本可以极大帮助个人提升社交能力的教材。

英国作家萧伯纳曾经说过：你有一个苹果，我有一个苹果，彼此交换后，我们每个人手中仍然只有一个苹果；但如果你有一种思想，我有一种思想，那么彼此交流思想，我们每个人便有了两种思想，甚至两种思想发生碰撞，还可以产生两种思想之外的其他思想。萧伯纳的话形象地说明了团队与沟通的重要性。

在人类社会已经步入21世纪的今天，科技与信息革命掀起的新浪潮正向我们涌来，团队精神与沟通能力不仅成为人们日常生活的重要组成部分，更是人们事业成败举足轻重的先决条件。

在一个团队里，如果成员没有团队意识，各行其是，那么团队的目标将永远无法实现。创建和谐企业，必须增强团队意识。只有大家密切配合、团结协作，才能使企业焕发出生机和活力。沟通不畅不仅不能为企业创造效益，反而会产生管理混乱、效率低下的问题。一个团队只有进行充分的沟通，在沟通的基础上明确各自的职责，才能进行协作，形成合力。

中等职业学校学生思维活跃、认知能力强、感情丰富、张扬个性，富有创造性和挑战性，对新鲜事物的接受能力较好，但有时以自我为中心，做事往往只考虑自己；很多学生的空闲时间几乎都是在网络中度过的，在网络世界里，他们的知识面被极大地扩张，表现出较强的学习能力、思辨能力，却缺乏与人沟通的技巧和与人合作的精神。为此，必须着手培养学生各方面的基本职业素质，为将来的就业奠定坚实的基础。

“实施职业教育必须贯彻国家教育方针，对受教育者进行思想政治教育和职业道德教育，传授职业知识，培养职业技能，进行职业指导，全面提高受教育者的素质。”这是《中华人民共和国职业教育法》对开展职业教育提出的基本要求与内容。据此，我们精心编写了《社交法宝》这本教材，主要从学生实际出发，结合中等职业学校学生自主性强、好动、好表现的实际特点，打破传统的填鸭式教学模式，采用任务驱动教学法，创设各种学生现在学习或未来工作的情景，引导并监督学生通过团队合作共同完成各项任务而体验、感悟各知识点，以提高教学效果。

本书结合现实需要，根据学生实际，有针对性地选择层层递进的教学内容和方法，为学生量身定做；以职场实况为蓝本，以任务驱动为引导，指引学生灵活应对工作的各种问题；其教学方法多样、教学内容丰富、与教学环境契合，能激发学生学习的积极性，提高教学效果。

周骏林、杨燕珠任本套丛书总主编，何秀兰、黎杏玲任本书主编，苏国炎任本书主审，参加本书编写的还有陈莉莉、苏琳、陈实、陈伟娜、黎嘉莉、刘建卫。

在本书的编写过程中，得到广州市公用事业高级技工学校领导、同事的关心与支持，也借鉴了网络上的一些案例和信息，在此一并表示感谢!

选用本书作为教材的学校及其教师可以通过机械工业出版社教材服务网（http://www. cmpedu. com）下载助教课件。由于时间仓促和编者水平有限，本书难免存在许多不足之处，敬请读者批评指正。

编　者

目　录

专题一

锻造卓越团队

你是否感觉自己很迷茫？你是否感觉自己的肩膀必须扛起自己的世界，但却不知道自己能否解决眼前的困难？

其实，你根本不需要如此辛苦！因为你并不是孤军作战，你还有一个团队！

一滴水只有融入大海才不会干涸，一个人只有融入集体才不会碌碌无为、虚度年华！

项目一 体验目标一致的威力

情景一

欣赏漫画 拉车

你认为这三个快递员解决问题的方式好吗？有什么问题？

情景二

一年一度的校运会又拉开了帷幕，07汽驾某班的班长号召大家今年要加把劲打败去年的强敌。去年07机模班就是以一分的优势赢得了篮球冠军，这次抽签又对上了，班长认为是时候收复失地了。谁知道话刚说出来，马上就有同学说：“我们弃权不打了，又没有奖金！”“是啊，是啊。上次我抢球抢到扭伤脚，结果还是输了，不打了，不打了！”“你们别这样嘛，拿到冠军是我们集体的荣誉啊！”“拿个虚名有啥用？”“我要准备面试了，我不参加。”……

面对同学们的言语，假如你是班长会怎么做呢？

知识目标： 通过任务实施过程中的亲身经历，使学生体验到若能建立目标一致的团队，能更好地巩固团队的实力，从而领悟建立优秀团队的不二法门。

任务一 任务描述

任务实施

一个阳光明媚的早上，某快递公司的员工如常驾驶货车穿梭于大街小巷中，“为客户提供快捷便利的服务”是他们公司的宗旨，只可惜天公不作美，在他们满载货物出发的途中，意外就这么发生了……

仔细欣赏情景一由动漫设计班同学设计的漫画《拉车》，如实填写任务书。

《体验目标一致的威力》任务书 I

班别________ 组别________ 完成时间________

任务	任务要求	组员姓名	任务分工	得分/分
欣赏漫画，编写剧情	分组讨论，根据提示为漫画编写剧情，并派代表上台表演	组长：	统筹全组工作	
		发言代表：	代表小组发言	
		智囊团：	出谋划策，提供意见	
		书记员：	文字记录及资料整理	
风和日丽的今天，某快递公司的员工如常驾驶货车穿梭于大街小巷中，为客户配送货物。一路上，三人放声高歌，非常愉快，忽然……				
你觉得他们是一个团队吗？为什么？				
师生总结				

任务二

任务描述

根据漫画《拉车》的剧情，每组分工合作，各司其职，讨论漫画人物在拉车过程中出现的问题，并为他们提供最佳的解决方案。

任务实施

仔细欣赏情景一由动漫设计班同学设计的漫画《拉车》，如实填写任务书。

《体验目标一致的威力》任务书Ⅱ

班别________ 组别________ 完成时间________

<table>
<tr><th>任务</th><th>任务要求</th><th>组员姓名</th><th>任务分工</th><th>得分/分</th></tr>
<tr><td rowspan="4">寻求解决问题的最佳方案</td><td rowspan="4">分组讨论，根据漫画回答问题，寻找最佳方案，并派代表发言。</td><td>组长：</td><td>统筹全组工作</td><td rowspan="4"></td></tr>
<tr><td>发言代表：</td><td>代表小组发言</td></tr>
<tr><td>智囊团：</td><td>出谋划策，提供意见</td></tr>
<tr><td>书记员：</td><td>文字记录及资料整理</td></tr>
<tr><td colspan="5">1. 你认为这三个快递员解决问题的方式好吗？有什么问题？

2. 假如你是其中一人，你有什么更好的解决方案？

</td></tr>
<tr><td>师生总结</td><td colspan="4"></td></tr>
</table>

任务三 任务描述

各组成员分享自己欣赏漫画的心得与启示，然后根据个人的社会经历，联系现实工作中的案例，并利用所学知识解决情景二的问题。

任务实施

仔细欣赏情景一由动漫设计班同学设计的漫画《拉车》，如实填写任务书。

《体验目标一致的威力》任务书Ⅲ

班别________ 组别________ 完成时间________

<table>
<tr><th>任务</th><th>任务要求</th><th>组员姓名</th><th>任务分工</th><th>得分/分</th></tr>
<tr><td rowspan="4">吸取漫画中的经验教训，解决实际问题</td><td rowspan="4">分组讨论，利用漫画中得到的启示，解决情景二的问题</td><td>组长：</td><td>统筹全组工作</td><td rowspan="4"></td></tr>
<tr><td>发言代表：</td><td>代表小组发言</td></tr>
<tr><td>智囊团：</td><td>出谋划策，提供意见</td></tr>
<tr><td>书记员：</td><td>文字记录及资料整理</td></tr>
<tr><td colspan="5">1. 你认为这幅漫画对你有什么启示？

2. 假如运用到工作上你能想到什么相关的情况？

3. 请利用漫画给你的启示，为情景二提供最佳解决方案。</td></tr>
<tr><td>师生总结</td><td colspan="4"></td></tr>
</table>

三、任务分析

我的放大镜

你是否感觉自己像个大力神？是否感觉你的肩膀能扛起整个世界？是否感觉整个世界都要依靠你？但你却不知道自己能否解决眼前的难题，甚至感觉如果无法解决，多次努力的成果都会瞬间瓦解？其实，你根本不需要如此辛苦！因为，你并不是孤军作战，你还有一个团队。

我们都知道这样的道理：一根筷子很容易被折断，当很多根筷子扎成一束时，要弄断它就不是那么容易了。这是我们祖先从生活中领悟到的对“团结就是力量”的理解。一直以来，在强调集体主义的中国文化中，“团结”被奉为公理；在学校中，“团结”是不可缺少的一部分；在企业中，它也是描述企业文化时使用最多的词语之一。每个人都是一个独立的个体，如何才能使有着不同个性的团队成员紧紧团结在一起呢？这就需要把各个团队成员的目标紧紧扣在一起，当团队目标与个人目标一致时，才能发挥团队最大的威力。

知识点一：团队究竟是什么

团队是指一种为了实现某一目标而由相互协助的个体所组成的正式群体。

团队是由员工和管理层组成的一个共同体，它合理利用每一个成员的知识和技能协同工作，解决问题，达到共同的目标。

事实上，“团队”的概念存在于我们身边，如工作小组、专案小组、生产车间、部门、企业、球队、社会组织团体、俱乐部等比较正式的团队，还有非正式的团队，如志同道合的几个朋友等。在团队中每个成员都扮演着不同的角色，有的人是团队的领导，有的人是工人，有的人则擅长专门与团队以外的有关方面进行有效的协调与沟通。

作为一个成功的团队，需要各种各样的角色，是什么统一了不同角色的思想与步伐呢？

知识点二：目标一致的威力

日本学者中松义郎在《人际关系方程式》一书中指出：处于团队中的个人，只有在个人方向与团队方向一致的时候，个人的能力才会得到充分发挥，团队的整体功能水平也才会实现最大化。如果个人在缺乏外界条件或者心情抑郁的压制状态下，就很难在工作中充分展现才华，发挥潜能，个人的发展也不会得到团队的认可和激励，特别是在个人方向与团队方向不一致的时候，整体工作效率必然要蒙受损失，群体功能水平势必下降。

那么，如何组成团队，利用团队的力量，让团队成员共同决策，解决问题，最终实现1＋1＞2的效果呢？

首先，应为团队设定一致的目标，将此目标按个人能力分解至团队的每个成员，让团队所有的成员都能为目标的达成作出自己的一份贡献。

其次，在建立团队的同时要力求设计合理的团队结构，让每个人的能力与长处得到发挥，这需要对成员的专长有所了解，只有充分发挥团队中每个人的智慧和所长，才能最终产生1+1>2的行为结果。

再次，团队建设离不开理念、价值观的塑造，离不开创新力、凝聚力的培养，只有将团队建设与精神文化建设相融合，使员工产生团队归属感，在团队中找到自己的位置和职责，从而充分发挥团队的协同作战能力，才能最终实现团队设定的目标。

知识点三：制定目标示意图

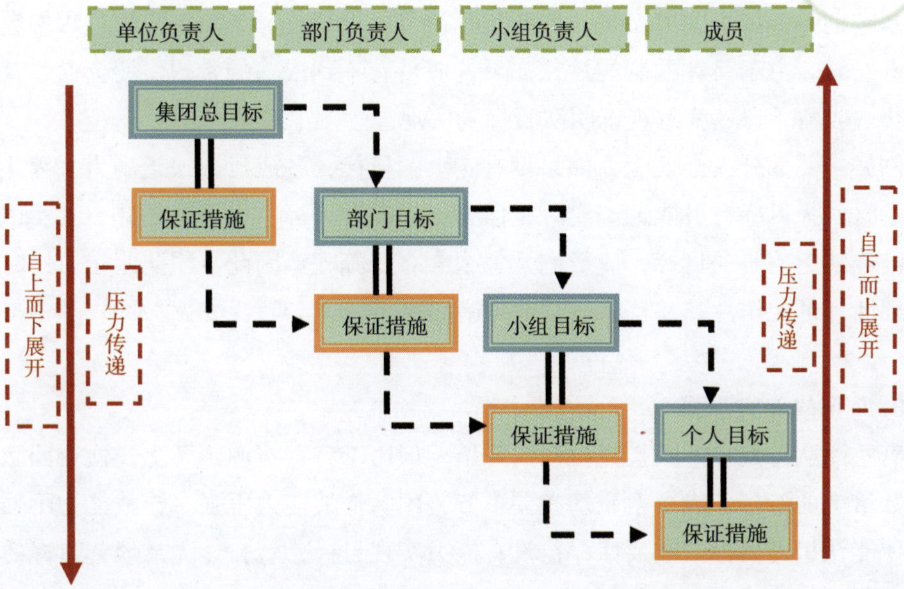

知识点四：影响目标一致的因素

1. 信息不能共享

各成员之间各自为政，缺乏信息沟通是目标实施不一致的原因之一。当各成员有很多个人目标都在为团队目标服务时，一些成员只知道要达到某些个人目标，却不考虑还有很多其他个人目标在影响着团队目标的实现，这势必使自己的工作陷入被动境地。

例如：当营销人员费尽周折与客户签订一份供货合同时，客户要求送货，但生产部门却因为原材料供应等原因拖延了产品出厂时间，尽管是短时间的，但客户对厂家及营销人员肯定会产生不信任的心理。而如果各部门及时沟通，营销人员在签订合同时就会确定一个适当的供货日期，即使出现短期的供货困难也可提前向客户作出解释。值得注意的是，如果这些小“麻烦”经常困扰销售者而未能引起企业高层的重视，不能及时解决信息共享的问题，在前方的营销人员不能及时了解后方会发生什么样的变化，必然使其在实现目标时缺乏信心。

2. 目标偏离实际

制定的目标如果脱离实际，各成员起初会缺乏信心，继而在实施过程中会逐渐缺乏责任感。由于目标的制约性，如果各成员看不到成功的希望，便会通过其他方式来获取收益，自然就忽视了团队目标的实现。

例如：一部分人会认为：如果没有宏大的目标，各成员会缺乏动力，因此，尽管制定时认为目标有可能偏离实际，但为了“靠近目标”也只能如此。其实，在制定时已经缺乏信心的目标，成员们又怎么会有底气呢？因此，团队制定目标时要具有合理性和可操作性，并且应科学地付诸实施。

3. 队伍战斗力不强

有些团队总是在不断扩充自己的队伍，但由于各种资源跟不上，使得团队成员只是数量上的增多，成员素质却参差不齐，团队作战能力不强。作战能力不强的团队即使能认识到目标的重要性，也没有能力实现目标，就自然无从谈起目标的一致化了。所以，培养出一支能征善战的团队，不断锻炼每一个成员的斗志是非常重要的。

4. 激励措施不到位

缺乏激励措施或者激励方式错误容易导致各成员对目标缺乏兴趣。一般情况下，在各成员看来，团队目标的实现与否与自己关系不大，也就不会较多地去关注团队目标的实现了。因此，过多地要求各成员讲求奉献精神不会有多大作用。其实，团队在激励措施上只要告诉各成员：如果实现了团队目标对团队有什么好处、对各成员自己有什么好处就行了，再通过一定的激励机制鼓励他们积极投身于工作之中，使团队的每一个成员都能感受到自己的努力所能带来的利益，这样的激励机制才是可行的和有效的。

我的记事本

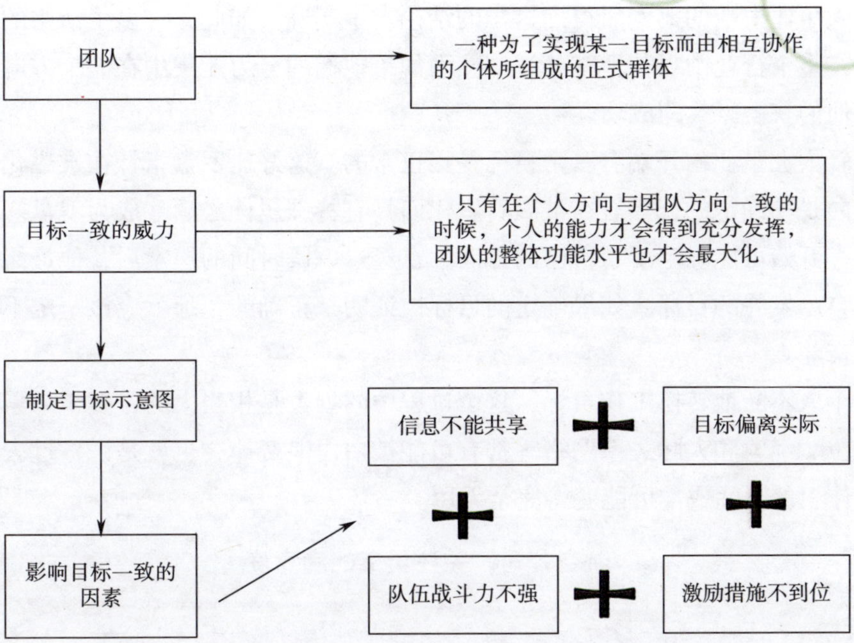

我的储蓄罐

周某技校刚毕业时，有着同龄人所特有的积极进取心，个人素质很高，工作能力也很强。他周围的许多同学和同事都认为，他是一个前途无量的人。但是，在后来的10年中，周某制定过许多人生目标，却没有一次是从自己的实际工作出发的。他不是忙着考托福就是忙着考注册会计师，今天想出国，明天想开公司。年轻人的那股冲劲和激情全部被他浪费在工作以外的事情上了。眼看着那些有点“愚蠢”的同龄“老黄牛”被公司重用，而自己的诸多梦想却没有开花，他除了抱怨世界不公平，似乎应该还有另外的收获。

美国著名半导体公司德州仪器的口号是：“写出两个以上的目标就等于没有目标。”这句话不仅适用于公司经营，而且适用于每一个人的生活和工作。

在专业化程度越来越高的现代社会，工作对个人的知识和经验不断提出了更高、更广、更深的要求。一个做事总是摇摆不定、变来变去的人，只会将自己长时间累积的职业经验和资源舍弃掉，无法强化自己的专业知识，无法形成自己的核心能力，也就无法超越他人。这样的人在社会上是没有立足之地的。

“年轻人事业失败的一个根本原因就是精力太分散。”戴尔·卡耐基在分析了众多个人事业失败的案例后得出这样的结论。事实确实如此，许多生活中的失败者几乎都在多个行业中艰苦地奋斗过。然而如果他们的努力能集中在一个方向上，就足以使他们获得巨大的成功。

年轻人在事业的开端有多个目标是很正常的。这好比罗盘指针在被磁化之前所指的方向是不确定的，只有在被磁石磁化而具有特殊属性之后才成为罗盘。同样，一个人一开始可能确定不了自己的方向，在经过一段时间的摸索后，他最终必须确定一个自己发展的目标。如果确定的目标被证明是正确的，那就应该坚定不移地为目标而奋斗。

一个人不断地转换工作目标，这个过程中的损失是相当大的，多年来累积的资历、职位、经验和人际关系网络等都有可能被白白浪费掉，也就是说，过去花费在这份工作上的时间成本可能变得完全无用。

航空公司，关注员工的满意度

在大陆航空公司，你会为“以人为本”这个词语找到现实中的注脚。走进大陆航空位于全球的任意一家公司，你都会在最明显的位置看到我们称为“企业文化”的内容：第1句：Fly to Win（飞行制胜），即开拓有发展潜力的新市场，在一个不

断改变的业界环境里，达成盈利。第2句：Fund the Future（为未来投资），即为员工提供培训，购买新飞机，投资新设备、新技术，为未来发展打好基础。第3句：Make Reliability a Reality（实现更高可靠性目标），即提供业界领先、安全可靠的产品，在美国交通部公布的各种关键运营指标上领先同行，如正点到达率、行李托运等。第4句：Working Together（齐心协力），即全公司上下保持通畅的信息沟通渠道，尊重、鼓励、善待每一个员工，让每个员工拥有良好的工作环境和发展空间，让美国大陆航空拥有敬业的工作环境。

大陆航空公司的董事会主席兼首席执行官凯尔纳在努力实践公司的企业文化。他在接受采访时说："我的办公室随时向每一位员工敞开，员工可以在任何时间通过电话或者邮件与我沟通。"

大陆航空公司内部沟通之顺畅是其他公司少有的。凯尔纳先生介绍说，周一至周五，公司每位员工每天都能收到由公司总部信息中心发出的"Daily News Update"。在这个每日更新的新闻中，员工能够通过六七条重要事项清楚地知道公司每天的变化，包括顶头老板在哪里、公司高层的动态、今天公司的股票行情、今天燃油价格和昨天比较。

每年公司的年终总结是大家最放松、最开心的时刻。届时，全球600多位中层以上人士就像度假一样相聚在一起，没有人敢穿得特别正式，否则就会被人笑话，会上没有讲台也没有人准备发言稿，老板凯尔纳会溜溜达达地讲上两三句开场白，接着，就是公司邀请的全球顶级成功人士分享自己的经验，诙谐幽默。

通常，公司最显眼的地方还会有一个信息栏，是公司员工最关心的每天航班准点到达率。由美国民航局监测出的每天航班准点到达率牵动着全公司员工的心，如果每月准点到达率达到85%~90%，那么，每位全球主管级以下的所有员工，在月底就会得到每人100美元的奖励，总计300多万美元。实际上，这对公司是很大一笔开支。公司坚持这样一种观念：没有满意的员工，就没有满意的顾客。

大陆航空公司为什么要关注每一位员工的满意度？试想想，公司是由许多员工组成的，每个员工都是一个独立的个体，他们都有各自的职业生涯规划，都有自己的个人目标，但是假如每个人的目标都跟公司的目标不一致，甚至相违背，那么，这个公司能得到很好的发展吗？因此，想要公司得到好的发展，只有不断提高员工的满意度，提高员工的凝聚力，员工在公司中有良好的发展空间，个人目标才会跟公司的发展目标紧紧相扣，才能真正实现公司利益与个人利益的双赢。

同学们，通过今天的学习，相信你已经掌握了不少知识，下面来检阅一下，我们得到了什么，有什么地方还需要进一步努力。请大家利用5分钟时间完成下面的任务完成评价表。

任务完成评价表

班别________ 组长________ 组员________ ____年____月____日

今天，在课堂上 1. 我们新学了________________________； 还未弄懂的地方是________________________ ____ ____ ____。
2. 我们最感兴趣的地方是________________________， 我们表现最棒的地方是________________________ ____ ____ ____。
3. 在小组协作、讨论中，对小组作出最大贡献的同学是________________， ____ ____ ____。
4. 老师和其他同学给我们的评语是________________________， 我们今后需要改进的地方是________________________ ____ ____ ____。
5. 关于这些所学的知识，我们还有一些自己的想法，希望老师知道的是________ ____ ____ ____ ____ ____ ____。

某IT中国公司的办公室福利

最近在我国写字楼间流传的热门邮件是某IT中国公司生活的组图，其中给人带来强烈感官刺激的图片有：展示着开心果、甜麦片、杏仁、木糖醇口香糖等数十种零食的四层高零食柜，展示着香蕉、樱桃、葡萄、圣女果、苹果的水果篮，展示着含有佳得乐、王老吉、雪碧、农夫山泉等饮料的饮料柜。此外，“上班时间也可以玩的足球桌”、KTV超大包房兼瑜伽房、健身房和“需要提前预订”的按摩服务也让看客妒意骤生，更何况，“最有诱惑力的食堂”正在建设中。如此体贴的办公室，赢得了不少人心。

请简述你对该公司优厚的员工福利的看法及其对你的启示？

找零钱

有人说“钱不是万能的，没钱万万不能”，究竟钱的魅力有多大呢？随着人们的收入越来越高，零钱对人们的意义似乎越来越“不值钱”，今天我们来测试一下零钱的价值。

1. 任务布置时按规律给学生设定价值，如男生代表0.5元，女生代表1元等。

2. 由老师说出具体价格数目，由学生自由组合，手牵手围成圈。

3. 最快组合完毕的即为获胜者，落单或者组合错误的视为失败。失败者要出列接受惩罚。

1. 以抢“零钱”的招数完成任务行吗？

____

____

____

____

____

____

2. 你认为什么方法可以更好地找到“零钱”？

____

____

____

____

____

____

____

八仙过海

“八仙过海各显神通”这句话听过吧？下面我们要完成一个特别任务。所有同学必须站到教室的一侧，大家要做的就是从教室的这一侧走到另一侧。规矩只有一条：你不许和别人的方法重复。

1. 当所有人都过去，只剩你无法通过时，是否感到压力增大？你是如何面对压力的？

2. 如果要无限次地顺利通过，你可以做到吗？你能否找到成功的秘诀？

项目二　学习信任彼此的法宝

一、任务布置

情景一

聪明人

一位总经理提到自己当年在某公司中担任策划部主任时说，那时，部门里有个年轻人，极为聪明，策划案创意也非常好，点子非常多，但是当公司开策划会的时候，他从来不主动发言，你问到他的时候，他也不会一次把所有的想法都说出来。可你要求他自己出策划案时，那些火花、创意又让你不得不承认他做得漂亮。他总是自以为是，而且公开宣称我自己的创意为什么要给别人？我几次跟他谈过，一个部门的成就是大家一起创造的，在一个集体里没有与自己无关的事。可他说：“不是我分内的事我为什么要替别人操心？”

假如你是这个年轻人的同事，你会如何看待他呢？

情景二

你是小偷

“是你，是你！肯定就是你偷的！”“你有什么证据说是我，我没做过……”断断续续的吵闹声从宿舍传出来，原来小华今天打球回来后把钱包放在床上就去洗澡了。刚洗完澡出来，就被隔壁宿舍的同学叫去一起吃饭。晚饭过后，小华想去小卖部买饮料时才想起自己的钱包忘了拿，可是把宿舍翻了一遍都没找到，他就把矛头指向同宿舍的同学小安。因为小安今天身体不舒服没去吃饭，一直在床上休息，而他也没看到有什么人进入宿舍。

宿舍的同学都一致认为小华说的有道理，加之小安平时独来独往，没有什么朋友，于是大家都把他当成小偷，即使没有直接证据！他们处处为难小安，经常指指点点当众奚落他。最后，小安抵受不住舆论压力，申请自动退学。两个月后，已经临近暑假了，大家开始收拾行李准备回家，小华在打扫卫生时，忽然发现原来丢了的钱包竟然在自己的床底下“现身”了，原来钱包是不小心掉了，而自己却错怪了同学，致使无辜的小安自动退学……

假如时光倒流，你是小华，你会如何处理这个“失窃案”？

知识目标：通过亲身经历，使学生学习信任彼此的法宝，从相信自己开始，进而让别人相信自己，最后到达让自己相信别人的境界，感受彼此信任、齐心协力完成任务的快乐。

任务一 任务描述

任务实施

每个职场新人都想表现自己，争取更多的升迁机会，往往不知不觉中无视了他人的感受。职场中的人际关系复杂多变，下面考考大家的职场应变能力，完成下面的任务书。

根据任务完成的情况，如实填写任务书。

《学习信任彼此的法宝》任务书 I

班别________ 组别________ 完成时间________

<table>
<tr><th>任务</th><th>任务要求</th><th>组员姓名</th><th>任务分工</th><th>得分/分</th></tr>
<tr><td rowspan="3">分析案例，设计结局</td><td rowspan="3">通过小组讨论的方式，为情景一设计一个结局，指出年轻人犯的错误，并派代表发言</td><td>组长：</td><td>统筹全组工作</td><td></td></tr>
<tr><td>发言代表：</td><td>代表小组发言</td><td></td></tr>
<tr><td>智囊团：</td><td>出谋划策，提供意见</td><td></td></tr>
<tr><td colspan="5">1. 你设想的结局是？</td></tr>
<tr><td colspan="5">2. 你觉得“聪明人”聪明吗？他错在哪里？</td></tr>
<tr><td>师生总结</td><td colspan="4"></td></tr>
</table>

任务二

任务描述

职场中的人际关系复杂多变，能在同一个公司同一个办公室做同事，这种缘分是很难得的。因此，作为团队一员要努力化解团队矛盾，加强团队凝聚力，才能更好地为公司打拼。

任务实施

根据任务完成的情况，如实填写任务书。

《学习信任彼此的法宝》任务书Ⅱ

班别________　组别________　完成时间________

任务	任务要求	组员姓名	任务分工	得分/分
挖掘错误寻找办法	通过小组讨论，找出团队的问题，提出可行建议，派代表发言	组长：	统筹全组工作	
		发言代表：	代表小组发言	
		智囊团：	出谋划策，提供意见	

1. 你认为情景一中，“聪明人”为什么会犯这样的错误？

2. 你在与同学的相处中会存在这样的问题吗？

3. 假如你是这个公司的经理，你会如何处理下属团队成员中的人际关系问题？

师生总结	

任务三 任务描述

任务实施

通过前两个任务的学习，请你利用所学知识解决情景二的问题，为小华提供最佳方案。

根据任务完成的情况，如实填写任务书。

《学习信任彼此的法宝》任务书Ⅲ

班别________ 组别________ 完成时间________

任务	任务要求	组员姓名	任务分工	得分/分
提供方案，解决情景二的问题	通过小组讨论，提供最佳方案，解决情景二的问题，并派代表发言	组长：	统筹全组工作	
		发言代表：	代表小组发言	
		智囊团：	出谋划策，提供意见	

1. 假如时光倒流，你是小华，你会如何解决这个“失窃案”？

2. 请寻找一个学习或工作中缺乏信任的案例。

3. 谈谈工作中彼此缺乏信任的危害。

师生总结	

三、任务分析

我的放大镜

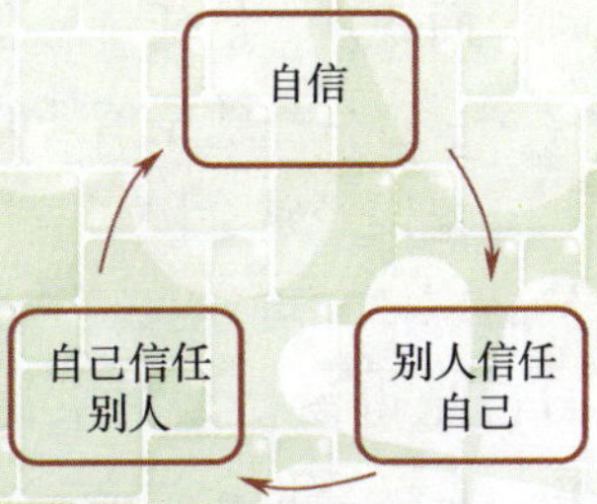

“信任”对我们来说是个再普通不过的词语了，但是要真正理解并做到信任并非简单的事情。爱人的信任会使家庭和睦，孩子的信任会让你和孩子平等沟通，客户的信任有助于产品的推广，同事、领导的信任可以鼓励你。任何一次良好的团队合作都是建立在理解和信任的基础之上的。

在初入职场时，我们应该首先做到的是自信，敢于说：“我愿意，我能做！”在每次任务完成后就会赢得更多的信任。当有足够的经验和技能时，可能要面对比以往更重要的事情，不断学习，不断思考，努力做得更好，不辜负大家的信任，做到让别人说“你办事我放心”。当需要授权一些事情给他人时，要学会给予他们更多的信任，相信每个人只要努力去做，都会做得更好，做到“我信任你是对的”。

其实，信任是一种无形的推动力，它是一种力量，自己信任自己、别人信任自己和自己信任别人这三者不是孤立的，而是同时存在的，它能帮助我们构建更加强大的团队。

知识点一：自己信任自己

成功学的创始人拿破仑·希尔说：“自信，是人类运用和驾驭宇宙无穷大智的唯一管道，是所有‘奇迹’的根基，是所有科学法则无法分析的玄妙神迹的发源地。”一个人如果连自己都不相信自己，还有谁能相信你呢？所以，信任的第一步就是自己相信自己，也就是自信。自信更多的是一种精神状态，拥有自信就拥有成功的一半。当你接受任务时，不要畏首畏尾，要敢于说“我愿意”并努力去做，遇到困难时，积极寻找解决办法，敢于说“我肯定行”。

知识点二：让别人信任自己

当你被授予重任，被他人寄予厚望时，你就受到他人的信任了。自信是个人行动，而让别人信任自己会从外界给自己一股力量。

1. 言行一致是信任的前提

我们经常会随口答应别人一件事情，然后忘掉，可能只是一个偶然的遗漏，你自己觉得没什么关系，但是在对方的眼里，你的忘记也许会被视为不可信任。每个人将依据他们所感知的行为模式来决定是否信任他人，所以你必须在自己平时的行为中做到任何事情都言行一致。

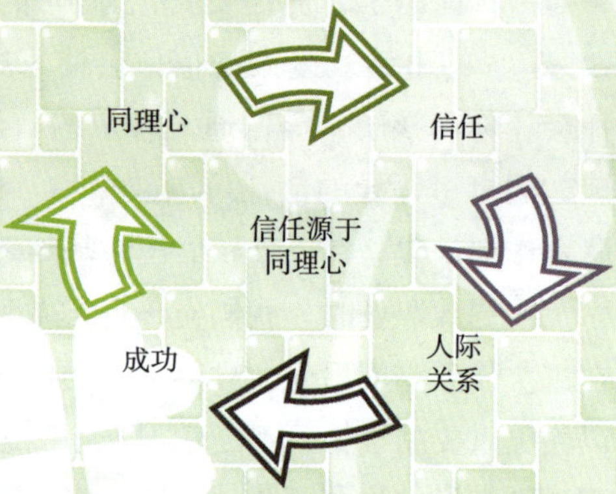

2. 信任的基础：同理心

同理心是信任的基础。同理心对于个人发展的重要性主要体现在：一旦具备了同理心，就更容易获得他人的信任，而所有人际关系都是建立在信任的基础上的。这里所谈的“信任”不是指对个人能力方面的信任，而是指对人格、态度或价值观方面的信任。如：让别人信任我的出发点是好的，相信在我面前不必刻意设防或者掩饰自己的缺点和错误。

没有同理心就没有彼此之间的信任，没有信任就没有顺利的人际交往，也就不可能在分工协作的现代社会中取得成功。具备同理心并赢得他人的信任并不困难，只要做到下面六点就是一个有同理心的人：

（1）我怎么对待别人，别人就怎样对待我：我替别人着想，他人才会替我着想。

（2）想要得到他人的理解，就要首先理解他人：只有将心比心，才会被人理解。

（3）别人眼中的自己，才是真正存在的自己：要学会以别人的角度来看问题，并据此改进自己在他人眼中的形象。

（4）只能修正自己不能修正别人：想要成功地与他人相处，想让别人尊重自己的想法，唯一的方法就是先改变自己。

（5）真诚坦白的人，才是值得信任的人：要不设防地以最真实的一面示人。

（6）真情流露的人，才能得到真情回报：要抛弃面具，真诚对待每一个人。

知识点三：让自己相信别人

背摔这个游戏估计很多人都做过，它培养的就是团队的信任。信任是双方的，你希望别人信任你，同样的，他人也希望你信任他。要学习建立信任的要点：

（1）持续的、始终如一的坦诚和诚信。

（2）实话实说，说到做到，言行一致。

（3）敢于担当。

（4）着眼于未来，扎根在过去，生长靠现在。

（5）信任别人，相信自己。

（6）真心承诺与团队成员目标达成一致，以共同的价值观来决策。

我的记事本

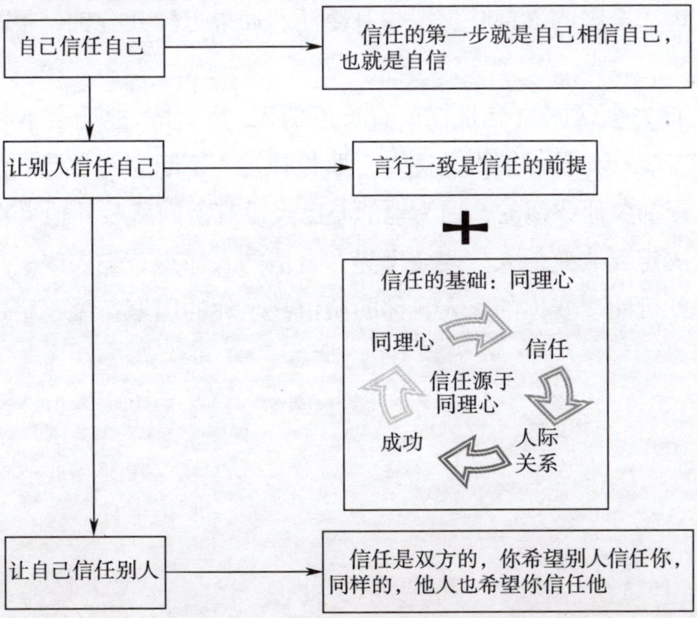

我的储蓄罐

自信，但不自大

自信与自大最重要的区别就是自大的人总是认为自己不需要进步，需要改进的都是别人。有一句话说：“自信让我们做最好的自己。”而做最好的自己就是一切都从自己做起，因为要求自己改变比要求他人改变容易得多。

有一天晚上，一艘航空母舰在海上航行时，突然遇到大雾，能见度相当低。舰长马上跑到指挥中心亲自坐镇，以防发生意外。

不久，果然看到远方有一个微弱的灯光在闪亮。舰长马上交代负责打探照灯的讯号兵，用摩斯密码指示对方：“这里是USS独立号，请向东转15°，以免发生危险。”过了几分钟，对方也用灯号回应：“USS独立号请注意，请向西转15°避开我们。”

舰长看到对方的讯号后马上怒火中烧，他认为航空母舰是全世界最大的船，哪有让路给其他船只的道理！他再下令讯号兵告诉对方：“这里是USS独立号，我们是航空母舰，我是舰长强生中将。请立即向东转50°，以免撞到我们。”随后对方又用灯号回应：“我是二等兵，我这里是灯塔，请立即向西转50°避开。”

直到这时，舰长才意识到自己的错误，急速将舰艇向西转了50°，结果是差一点就撞上了灯塔，全舰的人都吓出了一身冷汗。如果迟转几分钟，很可能会发生灾难。

自信的人首先会认同自己是一位有价值的人，同时，他还会不断要求自己做得更好，并善于观察与学习别人的优点，取长补短，不断完善自己。但自以为是的人，总觉得大家都欠他钱似的，因为他的心已经没有空间盛装其他事物。

狂妄的人决定要改变他人，改变世界，自信的人懂得首先要改变自己。如果你从自己开始，就可能改变你的家人、你的城市甚至你的国家，说不定还可以改变全世界呢！

四、任务反馈

同学们，经过今天的学习相信你已经掌握了不少知识，下面来检阅一下，我们得到了什么，有什么地方还需要进一步努力。请大家利用5分钟时间完成下面的任务完成评价表。

任务完成评价表

班别______　组长______　组员______　　____年____月____日

今天，在课堂上 1. 我们新学了______________________________； 还未弄懂的地方是______________________________ ______________________________ ______________________________ ______________________________。
2. 我们最感兴趣的地方是______________________________， 我们表现最棒的地方是______________________________ ______________________________ ______________________________ ______________________________。
3. 在小组协作、讨论中，对小组作出最大贡献的同学是______________________________， ______________________________ ______________________________ ______________________________。
4. 老师和其他同学给我们的评语是______________________________， 我们今后需要改进的地方是______________________________ ______________________________ ______________________________ ______________________________。
5. 关于这些所学的知识，我们还有一些自己的想法，希望老师知道的是______________ ______________________________ ______________________________ ______________________________ ______________________________ ______________________________ ______________________________。

我思我想

企业家王某是全国政协委员，他到北京开政协会议的时候，请客吃饭花了1000元，当他把这张发票拿回去报销时，却被职业经理人拒绝了，因为这是个人请客吃饭行为，不是公司请客吃饭行为，应该由王某自己来支付。于是，王某感到非常不高兴，认为职业经理人不相信他。

假如你是这个职业经理人，请分析一下为什么不给他报销？这个案例对你有什么启示？

地雷阵

让每个队员找一个搭档。给每对搭档发一块蒙眼布，每对搭档中有一个人要被蒙上眼睛。各组参与者都蒙好眼睛之后，剩下的人开始布置地雷阵。把两根绳子平行放在地上，绳距约为10m，这两根绳子标志着地雷阵的起点和终点。在两绳之间尽量多地铺上一些报纸（或硬纸板、胶合板等）。被蒙上了眼睛的队员在同伴的牵引下，走到地雷阵的起点处站好，他的同伴后退到他身后2m处。蒙上眼睛的队员要在搭档语言的指引下顺利穿越“雷区”，尽可能少地“踩雷”，游戏过程中监护员负责记录队员的踩雷次数并且维持秩序，保证引路的队员身体不接触其搭档。最后踩雷最少的搭档胜出。

1. 在闯关时你发现什么秘诀了吗？

____

____

2. 这个任务对你有没有什么启示呢？

____

____

硬币穿孔

有这样一张纸，在纸的中间有一个大小正好相当于0.5元硬币的圆孔，在不把纸弄破的情况下，如何才能使1元硬币从这个孔中穿过呢？

1. 你认为有什么方法可以穿过纸孔而不弄破纸吗？

____

____

2. 在活动过程中，你是否充分相信你的队友？相互信任对你的工作有什么启示呢？

____

____

做不完的作业

工作中经常会出现这样一种现象：某领导布置一项又一项的任务，下面的员工人仰马翻完成任务后，该领导又吩咐另外一批人去检查工作。最后检查完毕，该领导还要亲自逐项检查，一一核实，从头检阅。

1. 请说说你对这种现象的看法？

2. 你认为在一个团队中有什么更高效的做法吗？

项目三　感受理解包容的魅力

一、任务布置

二、……　三、……　四、……　五、……　六、……

情景一

谣言止于智者

小娜刚从技校毕业，虽然学历不高，但是长得漂亮，加上性格开朗，所以进入公司几个月，人气指数一路飙升，这自然让一些人嫉妒，于是有关于她的“绯闻”开始流传。小娜的上司在她进入公司半年前就离婚了，可这天中午在食堂她听见有人说她就是那个“第三者”。小娜当时恨不得冲上去把那个人的舌头扯下来，但是她忍住了，只是走过去，笑着请那个正在编故事的同事下班后一起去喝咖啡……

请思考一下，假如你是小娜，下班后你会对这个同事说些什么？

情景二

谁打破了杯子

晚饭后，母亲和女儿一起洗杯子，父亲和儿子坐在客厅里聊天。聊得正起劲的时候，突然传来打破杯子的响声，然后一片沉寂。儿子望着父亲，说道：“一定是妈妈打破的。”

请发挥你的聪明才智猜猜看，儿子是怎么知道的？

知识目标：通过任务实施过程中的亲身经历，使学生感受理解包容的魅力，懂得运用理解包容化解团队中敏感的人际关系，更好地巩固团队的关系，提高团队竞争力。

二、任务实施

任务一 任务描述

任务实施

地球保卫战

“地球保卫战”这个名词大家应该不陌生。今天我们要展开气球保卫战。

（1）同学们按指定方式分成不同团队。

（2）每队派4名蒙眼成员进入战斗区，同时做好自我保护，若被对方击中则输。

（3）每队选一位指挥员背对战斗区坐在指定位置上，指挥战斗区内的成员拣取气球丢向对手进行攻击。

（4）任务实施过程中只有指挥员能说话，其余成员不许说话，只能轮流通过肢体动作提示指挥员进行指挥，每一位成员只能提示一次攻击。

（5）最后，经过轮番激战后能留在战斗区域内的团队为赢家。

根据任务完成的情况，如实填写任务书。

《感受理解包容的魅力》任务书 I

班别________ 组别________ 完成时间________

任务	任务要求	组员姓名	任务分工	得分/分
攻击对方，防御自己	通过小组讨论，分析、评价队友的表现，提供更佳的建议，并派代表发言	组长：	统筹全组工作	
		发言代表：	代表小组发言	
		智囊团：	出谋划策，提供意见	
		书记员：	文字记录及资料整理	
1. 你认为保卫战中你队的表现如何？有什么需要检讨吗？ 2. 假如要解决这些问题，你有什么更好的建议？				
师生总结				

任务二 任务描述

任务实施

各组总结自己的团队在“气球保卫战”中的经验教训，然后全队一起想办法，研讨一个最佳方案。

根据任务完成的情况，如实填写任务书。

《感受理解包容的魅力》任务书Ⅱ

班别________ 组别________ 完成时间________

任务	任务要求	组员姓名	任务分工	得分/分
分析战果，反思自己	分析战果，反思比赛过程中出现的问题，并研讨解决方案	组长：	统筹全组工作	
		发言代表：	代表小组发言	
		智囊团：	出谋划策，提供意见	
		书记员：	文字记录及资料整理	
反思比赛过程中的问题	1. 我队在比赛过程中存在的问题主要有： 2. 问题主要产生在谁的身上？			
研讨方案	1. 问题产生了，你是如何解决的？问题已经解决了吗？ 2. 如果问题产生自你的身上，队友使用你刚才的方式对待你，有何感受？ 3. 现在大家有更好的解决方案了吗？			
师生总结				

任务三

任务描述

把我们在“气球保卫战”中总结的知识，发挥“臭皮匠”的力量，解决情景一、情景二的问题。

任务实施

根据任务完成的情况，如实填写任务书。

《感受理解包容的魅力》任务书Ⅲ

班别________　组别________　完成时间________

任务	任务要求	组员姓名	任务分工	得分/分
利用所学知识，解决问题	集合团队力量，运用所学知识，解决情景一、情景二的问题	组长：	统筹全组工作	
		发言代表：	代表小组发言	
		智囊团：	出谋划策，提供意见	
		书记员：	文字记录及资料整理	

1. 利用所学知识解决情景一的问题：假如你是小娜，下班后你会对这个同事说些什么？

2. 利用所学知识解决情景二的问题：请发挥你的聪明才智猜猜看，儿子是怎么知道的？

师生总结	

我的放大镜

俗话说：“忍一时风平浪静，退一步海阔天空。”具有宽广的胸怀，包容不同的意见和不同的做法，无论对一个管理者还是一个普通的员工来说都是十分重要的。胸怀宽广是一种美德，是一种思想修养，也是人生的真谛，更是一名现代企业员工所必备的基本素质。

知识点一：包容职场中的伤害

包容和理解是一种既懂得保护自己又不使对方受伤的法宝，在成就自己的同时不忘记成全别人。宽容和理解是甘露，能化干戈为玉帛。如果你对同事多一些宽容和理解，那么，你与同事的关系也就不会那么难相处了。谦让和豁达的人总能赢得更多的朋友。相反，得理不饶人的人最终会走到孤立无援的地步。

知识点二：多看同事的长处

宽容的好处在于它会使别人喜欢接近你，从而使你在以后的竞争中得到更多的支持。公司是一个讲究团队合作精神的地方，你必须有全局意识。如果你遇事不够宽容，那么别人就会感觉你是一个目光短浅和心胸狭窄的人。这种只看重眼前利益的人在现代职场上不会有任何作为。

有些职场新人仍然保持着学生时代那种看人的习惯，对人要么大爱，要么大恨。如果自己心里喜欢，那就觉得对方十全十美、无懈可击；如果自己心里讨厌，那就觉得对方缺点多如牛毛、一无是处。其实，这种大爱与大恨，只应该属于电视剧或小说。在现代职场上，更多的人是处于这种“大爱”和“大恨”之间。人都是这样，可爱之中亦有不足，可恨之处也有优点。因此，在职场上，你应该更多地宽容和理解他人。

知识点三：记住恩典，忘掉仇恨

宽容是成就一番事业的基石，也是利人利己的法宝。理解是生命与生命之间的默默交流，也是抛弃所有无谓纷争后的大彻大悟。

宽容意味着你不会再为他人的错误而惩罚自己。海洋大度地接纳了所有的江河、小溪，才有了它最壮观的辽阔和豪迈。生存需要的是竞争，但生活需要的却是宽容和理解。哲学家说：宽容是一个人修养和善意的结晶；心理学家说：宽容是家庭生活的“调味品”；历史和现实告诉我们：宽容可免去世间诸多的烦恼和困扰。

知识点四：大公无私方显宽宏大度

做人就要时刻提醒自己：凡事以大局为重，小局服从大局，个人服从集体，这个原则任何时候都不能动摇。主动去帮助与你意见不合，甚至伤害过你的人，以自己的宽容之心去感化对方。

相信每个人都希望受人欢迎，希望树立良好的职场形象。那么，面对竞争对手，除了尊重竞争对手之外，还要表现出开阔的视野和博大的胸襟，去容纳竞争对手，去激发竞争对手，为攀登人生新高峰坚定信念，从而奋进不止，这样竞争对手也一定会欢迎你。

世上没有绝对的敌人，职场中也是，我们必须学会化敌为友。我们的目标就是把最大的敌人化为最真诚的朋友，化为自己前进的强大动力。要有不计前嫌的度量，凡事应以大局为重，而不是把个人恩怨融进集体事业当中，这样不仅可以得到别人的尊敬，同时自己的心灵也会在这种释然的轻松中得到更多的快乐。

知识点五：用爱包容恨

宽容能融化人与人之间的冰霜，能驱散彼此之间心头的忧愁和烦恼。有时一个微笑或一个幽默，便可以化解人与人之间的许多怨恨和矛盾。宽容在减轻对方的痛苦时，也在升华中善待自己。宽容和理解有时候是对别人最大的恩惠，一个小小的不经意的或者有意的宽容能够让人得到幸福，何乐而不为呢？

我的记事本

包容职场中的伤害

宽容和理解是甘露，能化干戈为玉帛。谦让和豁达的人总能赢得更多的朋友

＋

多看同事的长处

宽容的好处在于它会使别人喜欢接近你，从而使你在以后的竞争中得到更多的支持

＋

记住恩典，忘掉仇恨

宽容意味着你不会再为他人的错误而惩罚自己。生存需要的是竞争，但生活需要的却是宽容和理解

＋

大公无私方显宽宏大度

凡事以大局为重，小局服从大局，个人服从集体，这个原则任何时候都不能动摇

＋

用爱包容恨

有时一个微笑或一个幽默，便可以化解人与人之间的许多怨恨和矛盾

我的储蓄罐

宽容的艺术

阿拉伯国家有位作家名叫阿里，有一次他和吉伯、马沙两位朋友一起旅行。三人经过一处山谷时，马沙不小心失足滑落，幸亏吉伯拼命拉他，才将他救起。马沙于是在附近的大石头上刻下了：“××××年××月××日，吉伯救马沙一命。”

三人继续走了几天，来到一条小河边，吉伯跟马沙为了一件小事争吵起来。吉伯一气之下打了马沙一个耳光。马沙跑到沙滩上写下：“××××年××月××日，吉伯打了马沙一个耳光。”当他们旅游回来后，阿里好奇地问马沙：“为什么要把吉伯救你的事刻在石头上，而将吉伯打你的事写在沙子上？”马沙回答：“我永远都感激吉伯救我。至于他打我的事，我会随着沙滩上字迹的消失，而忘得一干二净。”

阿萨吉奥利曾说：“如果没有宽恕之心，生命就会被无休止的仇恨和报复所支配。”美国的林肯竞选总统成功之后，准备起用一名曾迫害过自己的政客而遭到同

僚们的一致反对。然而林肯对他的部下这样解释："把敌人变为自己人有什么不好呢？我这样做既可以消灭一个敌人，又多了一个朋友……"

宽容是一种艺术，宽容别人不是懦弱，更不是无奈的举措。在短暂的生命里学会宽容别人，能使生活中平添许多快乐，使人生更有意义。正因为有了宽容，我们的胸怀才能比天空还宽阔，才能尽容天下难容之事。

宽容是人和人之间必不可少的润滑剂。它和诚实、勤奋、乐观等价值指标一样，是衡量一个人气质涵养、道德水准的尺度。宽容别人是对对方的一种尊重、一种接受、一种爱心，更是一种力量。

多一个朋友，少一个敌人

在一个偏远的山村，周姓和李姓两家是三代世仇，两户人家一碰面，经常是拳脚相加，大打出手。有一天傍晚，老周和老李从集市里出来，碰巧在返村的路上遇见了。两个仇人一碰面倒没有开打，不过也各自保持距离，互相不搭理对方。两人一前一后走在小路上，相距约有几米远。天色已经相当暗了，是个乌云蔽月的夜晚，走着走着突然老周听见前面的老李"啊呀"一声惊叫，原来是他掉进溪沟里了。老周看见后连忙赶了过去，心想："无论如何总是条人命，怎么能见死不救呢？"老周看见老李在溪沟里浮浮沉沉，双手在水面上不断挣扎。这时，急中生智的老周连忙折下一段柳枝，迅速将枝梢递到老李的手中。老李被救上岸后，感激地说了一声"谢谢"，然而猛一抬头才发现，原来救自己的人居然是仇家老周。老李怀疑地问："你为什么要救我啊？"老周说："为了报恩。"老李一听，更为疑惑："报恩？恩从何来？"老周说："因为你救了我啊！"老李丈八金刚摸不着头脑，不解地问："咦？我什么时候救过你？"老周笑着说："刚刚啊！因为今夜在这条路上，只有我们两个人一前一后行走。刚才你遇险时，倘不是那一声'啊呀'，第二个坠入溪沟里的人肯定是我了。所以，我哪有知恩不报的道理呢？因此，真要说感谢的话，那理当先由我说啊！"此刻，月亮从乌云里露出脸来，在月光的照耀下，地面上映着老周与老李的影子，当年曾互相打斗过的双手，如今却是紧握在一块儿。

只要我们主动伸出和解之手，化解彼此心中的疙瘩，我们就可能会减少一个敌人，增加一个肝胆相照的好朋友。

冤冤相报何时了，仇恨不只会造成你我的敌对，还会加重生活的不安与忧虑，既不利人也不利己。人与人之间没有什么事不能和解，我和你之间也没有什么事不能坦白，人生不短也不长，何必把时间浪费在无谓的争吵中呢！

同学们，经过今天的学习相信你已经掌握了不少知识，下面来检阅一下，我们得到了什么，有什么地方还需要进一步努力。请大家利用5分钟时间完成下面的任务完成评价表。

任务完成评价表

班别______ 组长______ 组员______ ____年____月____日

今天，在课堂上 1. 我们新学了______________________________； 还未弄懂的地方是______________________________ ______________________________ ______________________________ ______________________________。
2. 我们最感兴趣的地方是______________________________， 我们表现最棒的地方是______________________________ ______________________________ ______________________________ ______________________________。
3. 在小组协作、讨论中，对小组作出最大贡献的同学是______________________________， ______________________________ ______________________________ ______________________________。
4. 老师和其他同学给我们的评语是______________________________， 我们今后需要改进的地方是______________________________ ______________________________ ______________________________ ______________________________。
5. 关于这些所学的知识，我们还有一些自己的想法，希望老师知道的是______________________________ ______________________________ ______________________________ ______________________________ ______________________________ ______________________________ ______________________________。

我思我想

谁是处长

H公司人力资源部经理约翰为人正直公正。有一天，老板问他："S市办事处缺少一个处长，你看派谁去比较好？"

约翰当即回答："派杰西去最适合。"老板听了非常惊讶，便问他："咦？杰西只是我们公司的普通员工，来这里还不到半年，而且他老是顶撞你，背后说你的坏话。你为什么还要推荐他去当处长？"

约翰回答说："您只问我什么人最合适，杰西虽然对我不好，但他的能力我还是认可的，他去S市办事处做处长是最合适的。"

于是，老板接受了他的建议，派杰西去S市办事处做处长。杰西到任后果然做得相当不错。

请分析为什么约翰要推荐与自己不和的杰西去当处长呢？这个案例对你有什么启示呢？

____

____

____

____

左手右手

为了测试同学们的身体灵敏度，下面大家一起按指示完成一个小任务。请所有同学围成一个圈，每位同学将左手张开伸向左侧同学，手掌心向下，然后把右手食指垂直放到右侧同学的掌心下。

规则：当老师喊到“3”的时候，左手应设法抓住左侧同学的食指，右手应设法逃掉。

1. 你的左手和右手“战绩”如何？

____

2. 游戏后你是否发现和身边同学关系亲近了？为什么？

____

观察《九人图》

请大家认真观察下面的《九人图》。顾名思义这张图上面有九个人，你们的任务就是要通过团队的力量在最短时间内把这九个人全部找出来。

1. 你找出九个人了吗？谈谈寻找的心得。

____

____

____

2. 不同的人、不同的角度有不同的观点，在团队构建过程中，你是如何处理复杂的人际关系的？

____

____

____

一次，伟大的教育家孔子的得意门生颜回看到一个卖布的人和买布的人吵架。

买布的人说："三八二十三，你为什么收我二十四！"

颜回上前劝架说："是三八二十四，你算错啦，别吵了。"

买布的人指着颜回的鼻子说："你算老几？我只听孔夫子的，咱们找他评理去。"

颜回问："如果你错了，怎么办？"

买布的人说："我把脑袋给你，那如果你错了怎么办？"

颜回说："我把帽子输给你。"

两人找到孔子。孔子问明情况，对颜回笑笑说："三八就是二十三。颜回，你输了，把帽子给人家吧。"

颜回想，三八二十四才对呀，老师一定是老糊涂了。但是孔子这么说了，他只好把帽子给了买布人。那人拿了帽子高兴地走了。

这时，孔子对颜回说……

1. 假如你是孔子，衡量买布人与颜回的得失，你会对颜回说什么呢？

____

____

____

____

2. 这个故事对你有什么启示吗？如何将启示运用到生活中去呢？

____

____

____

____

项目四　享受团队协作的快乐

一、任务布置

情景一

招　聘

每一家有实力的公司招聘高层管理人员时都有自己的招聘特色，曾有9名优秀应聘者经过初试，从上百人中脱颖而出，闯进了某家大公司最后的应聘环节。最后的一关是由公司老总亲自把关的复试。

老总看了这9个人的详细资料和初试成绩后，相当满意。但招聘只能录取3个人，所以，老总给大家出了一道题：老总把这9个人随机分成甲、乙、丙三组，指定甲组的3个人去调查本市婴儿用品市场，乙组的3个人调查妇女用品市场，丙组的3个人调查老年人用品市场。临走的时候，老总补充道："为避免大家盲目开展调查，我已经叫秘书准备了一份相关行业的资料，走的时候自己到秘书那里去领取！"

两天后，9个人都把自己的市场分析报告送到了老总那里。老总看完后站起身来，走向丙组的3个人，分别与之一一握手，并祝贺道："恭喜3位，你们已经被本公司录取了！"然后，老总呵呵一笑说："请大家打开我叫秘书给你们的资料，互相看看。"

原来，每个人得到的资料都不一样，每组的3个人得到的分别是市场过去、现在、未来的分析。老总说："丙组的3个人很聪明，互相借用了对方的资料，补全了自己的分析报告。而甲、乙两组的6个人却分别行事，抛开队友，自己做自己的。我出这样一个题目，最主要的目的是想看看大家的团队合作意识。”

请思考一下，为什么企业在招聘时特意考查员工的团队合作意识？

情景二

小君和宛如是好朋友，两人同时加入学校合唱队。她们总是形影不离，无论是去上课还是去练习，只要有小君的地方总会有宛如的身影。两人已经商量好要一起争取担任校园合唱比赛的领唱一角。只可惜在选拔赛中，小君因身体不舒服而发挥失常，在演唱的过程中多次跑调，最后老师选择了宛如和凯婷担任领唱，小君只能跟在后面合唱了。这个结果令小君觉得很没面子，她私底下到处说凯婷的坏话，甚至在练习的时候故意刁难凯婷，还公开指责凯婷靠关系抢了她的位置，导致凯婷没有心思唱下去，提出退队的申请。

校园合唱比赛在即，假如你是带队老师，你会如何处理这个矛盾呢？

知识目标：通过任务实施过程中的亲身经历，使学生享受团队协作的快乐，学会发挥团队精神应对生活、工作中的各种难题。

任务一 任务描述

任务实施

动物的尾巴

这是一个简单的任务，这里有四种动物的尾巴，大家的任务就是将它们粘到正确的地方。要求每组选出一位执行者，执行者需戴上眼罩，然后走过一段距离，最后将尾巴粘到相应的位置。各组剩下的组员要通过变换相应动物叫声的方式（每人只可以发出一次声音，然后其他人按顺序依次继续指挥），通知执行者该走的路线和粘尾巴的位置。现在，每组有3分钟时间讨论策略。任务开始后，最快并最准确完成的组获胜。

根据任务完成的情况，如实填写任务书。

《享受团队协作的快乐》任务书 I

班别 ________ 组别 ________ 完成时间 ________

任务	任务要求	分工	职责	得分/分
粘贴动物的尾巴	把动物的尾巴粘到正确的位置	执行者：	负责把动物的尾巴粘到正确的位置	
		指挥员：	利用动物叫声轮流指挥执行者	
		书记员：	记录活动过程	
你如何看待你们组的任务完成情况？有秘诀吗？				
师生总结				

任务二 任务描述

任务实施

成与败不是最重要的，关键是经过这个任务，我们能从中学习反思一下，总结在完成任务过程中突显出来的各种问题。比如：团队成员中的各种分歧、团队目标不一致、团队协作能力有待加强等问题，让我们一起来探讨寻求更好的解决办法。

根据任务完成的情况，如实填写任务书。

《享受团队协作的快乐》任务书Ⅱ

班别________ 组别________ 完成时间________

任务	任务要求	分工	职责	得分/分
分析任务	根据任务的完成情况分享经验	组长：	统筹全组工作	
		发言代表：	代表小组发言	
		智囊团：	出谋划策，提供意见	
		书记员：	文字记录及资料整理	
1. 如何才能让你的团队更好地合作？这个任务对你有什么启示？ 2. 利用你的社会经验，你能在职场中找到相类似的案例吗？				
师生总结				

任务三

任务描述

通过前面的学习，同学们已经掌握了团队构建的各种法宝，现在就享受一下成功的喜悦，感受团队协作的快乐。下面让我们实践一下，利用所学知识解决情景一、情景二的问题，提供最佳方案。

任务实施

根据任务完成的情况，如实填写任务书。

《享受团队协作的快乐》任务书Ⅲ

班别________ 组别________ 完成时间________

<table>
<tr><th>任务</th><th>任务要求</th><th>组员姓名</th><th>任务分工</th><th>得分/分</th></tr>
<tr><td rowspan="4">利用所学知识，解决问题</td><td rowspan="4">通过小组讨论解决情景一、情景二的问题，并提供最佳方案</td><td>组长：</td><td>统筹全组工作</td><td></td></tr>
<tr><td>发言代表：</td><td>代表小组发言</td><td></td></tr>
<tr><td>智囊团：</td><td>出谋划策，提供意见</td><td></td></tr>
<tr><td>书记员：</td><td>文字记录及资料整理</td><td></td></tr>
<tr><td colspan="5">1. 请思考一下，为什么企业在招聘时特意考查员工的团队合作意识？

2. 校园合唱比赛在即，假如你是带队老师，你会如何处理这个矛盾呢？</td></tr>
<tr><td>师生总结</td><td colspan="4"></td></tr>
</table>

三、任务分析

我的放大镜

团队建设是事业发展的根本保障，团队运作是业内人士长期实践的经验总结，至今没有一个人是在团队之外获得成功的。团队的发展取决于团队的建设。团队建设应从以下几个方面进行：

知识点一：组建核心层

团队建设的重点是培养团队的核心成员。俗话说“一个好汉三个帮”，领导人是团队的建设者，应通过组建智囊团或执行团形成团队的核心层，充分发挥核心成员的作用，使团队的目标变成行动计划，团队的业绩才会快速增长。团队核心层成员应具备领导者的基本素质和能力，不仅要知道团队发展的规划，还要参与团队目标的制定与实施，使团队成员既了解团队发展的方向，又能在行动上与团队发展方向保持一致。大家同心同德、承上启下，心往一处想，劲往一处使。

知识点二：制定团队目标

团队目标来自于公司的发展方向和团队成员的共同追求，它是全体成员奋斗的方向和动力，也是感召全体成员精诚合作的一面旗帜。核心层成员在制定团队目标时，需要明确本团队目前的实际情况，例如：团队处在哪个发展阶段？组建阶段、上升阶段还是稳固阶段？团队成员存在哪些不足？需要什么帮助？斗志如何？等等。制定目标时，要遵循目标的SMART原则：S——明确性，M——可衡量性，A——可接受性，R——实际性，T——时限性。

知识点三：训练团队精英

训练精英的工作是团队建设中非常重要的一个环节。建立一支训练有素的队伍，能给团队带来很多益处：提升个人能力，提高整体素质，改进服务质量，稳定工作业绩。一个没有精英的团队，犹如无本之木；一个未经训练的队伍，犹如散兵游勇，难以维持长久的繁荣。训练团队精英的重点在于以下几个方面：

（1）建立学习型组织：让每一个人认识到学习的重要性，尽力为他们创造学习机会，提供学习场地，表扬学习进步快的人，并通过一对一沟通、讨论会、培训课、共同工作的方式营造学习氛围，使团队成员在学习与复制中成为精英。

（2）搭建成长平台：团队精英的产生和成长与他们所在的平台有直接关系，一个好的平台能够营造良好的成长环境，提供更多的锻炼和施展才华的机会。

知识点四：培养团队精神

团队精神是指团队成员为了实现团队的利益和目标而相互协作、尽心尽力的意愿和作风，它包括团队的凝聚力、合作意识及士气。团队精神强调的是团队成员的紧密合作。要培养这种精神，领导人首先要以身作则，做一个团队精神极强的楷模；其次，在团队培训中加强团队精神的理念教育；最重要的是要将这种理念落实到团队工作的实践中去。一个没有团队精神的人难以成为真正的领导人，一个没有团队精神的队伍是经不起考验的队伍，团队精神是优秀团队的灵魂、成功团队的特质。

知识点五：重视团队激励

团队建设是容易与他人的观念发生冲突的工作。这是需要一定时间的坚持才能成就的事业，每个人要做好这一切所面临的最大挑战就是自己，因此，团队中的每个成员都需要被激励。领导人的激励工作做得好坏，直接影响到团队的士气，最终影响到团队的发展。激励是指通过一定的手段使团队成员的需要和愿望得到满足，以调动他们的积极性，使其主动自发地把个人的潜能发挥出来，从而确保既定目标的实现。用激励代替命令。激励的方式多种多样：树立榜样、培训、表扬、奖励、旅游、联欢、庆祝活动等。

我的记事本

组建核心层

通过形成团队核心层，发挥核心成员的作用，使团队的目标变成行动计划，团队的业绩得以快速增长

＋

制定团队目标

它是全体成员奋斗的方向和动力，也是感召全体成员精诚合作的一面旗帜

＋

训练团队精英

提升个人能力，提高整体素质，改进服务质量，稳定工作业绩

＋

培养团队精神

团队精神强调的是团队成员的紧密合作。团队精神是优秀团队的灵魂、成功团队的特质

＋

重视团队激励

用激励代替命令，激励的方式多种多样：树立榜样、培训、表扬、奖励、旅游、联欢、庆祝活动等

我的储蓄罐

成功的基石是合作

从小到大，我们对于各种竞争都不会陌生。大考、小考一路过来，似乎只有竞

争中的胜利者才能笑到最后。我们在与同伴竞争资源，然后获得到好学校就读的机会，并且找到一份工作。但可惜的是，我们的这些人生经历并不是最终的成功。

在人生的道路上，个人英雄很少。不论你是工程师、经理人或者是一名普通员工，你的工作都必须依赖别人跟你的合作。就像一个篮球球员那样，任何得分都必须依靠队员之间默契的配合。好的篮球球员除了精湛的球技之外，更重要的是他与队员之间良好的默契，以及乐于与队员共同追求卓越的精神。

一个小男孩在他的玩具沙箱里玩耍。沙箱里有他的玩具小车、敞篷货车、塑料水桶和一把塑料铲子。在松软的沙滩上修筑公路和隧道时，他在沙箱的中部发现了一块巨大的岩石。

小男孩开始挖掘岩石周围的沙子，企图把它从泥沙中弄出来。他手脚并用，似乎没有费太大的力气，岩石便被他连推带搬地弄到了沙箱的边缘。不过，这时小男孩才发现，他无法把岩石向上滚动、翻过沙箱的边框。

小男孩下定决心，手推、肩挤、左摇右晃，一次又一次地向岩石发起冲击，可是每当他刚刚觉得取得了一些进展的时候，岩石便滑脱了，重新掉进沙箱。

小男孩只有拼出吃奶的力气猛推猛挤。但是，他得到的唯一回报便是岩石再次滚落回来，砸伤了他的手指。最后，他伤心地哭了起来。这整个过程，小男孩的父亲在起居室里看得一清二楚。当泪珠滚过孩子的脸庞时，父亲来到跟前。

父亲的话温和而坚定：“儿子，你为什么不用上所有的力量呢？”

垂头丧气的小男孩抽泣道：“我已经用尽全力了，爸爸，我已经尽力了！我用尽了我所有的力量！”

“不对，”父亲亲切地纠正道，“你并没有用尽所有的力量，你没有请求我的帮助。”父亲弯下腰，抱起岩石，将岩石搬出了沙箱。

大家擅长的方面各不相同，一些你解决不了的问题，对别人而言或许就是轻而易举的事情。同样，别人解决不了的事情对你来说也许很容易。他们也是你的资源和力量，不要忘记了这份宝贵的资源，你们可以共同把事情做好。

在公司中，你和你的同事，你们是一个团体，大家都有着共同的目标——让自己的公司发展得更好。你们需要同舟共济，一起成功。很多工作，你都需要团队合作才能达到目标。事实上，你每一天的工作都需要上级的提携、同事伙伴的帮助以及别人的大力配合，充分利用各种可以利用的资源，大家通力合作，也就可以一起走向成功。

四、任务反馈

同学们，经过今天的学习相信你已经掌握了不少知识，下面来检阅一下，我们得到了什么，有什么地方还需要进一步努力。请大家利用5分钟时间完成下面的任务完成评价表。

任务完成评价表

班别________ 组长________ 组员________　　____年____月____日

今天，在课堂上 1. 我们新学了________________________________； 还未弄懂的地方是________________________________ ________________________________ ________________________________ ________________________________。
2. 我们最感兴趣的地方是________________________________， 我们表现最棒的地方是________________________________ ________________________________ ________________________________ ________________________________。
3. 在小组协作、讨论中，对小组作出最大贡献的同学是________________， ________________________________ ________________________________ ________________________________。
4. 老师和其他同学给我们的评语是________________________________， 我们今后需要改进的地方是________________________________ ________________________________ ________________________________ ________________________________。
5. 关于这些所学的知识，我们还有一些自己的想法，希望老师知道的是________________ ________________________________ ________________________________ ________________________________ ________________________________ ________________________________ ________________________________。

你思我想

清 酒

有一个古老的村子每年都要举行丰年祭来感谢上苍的眷顾，由于那年的收成特别好，因此村长决定要隆重庆祝一番以祈求来年的丰收。为了使庆典更加热闹，村长准备了大酒缸，要求每一户人家贡献一壶自己酿制的米酒，好让大家有喝不完的酒，可以把酒言欢，狂欢到天明。

庆典开始前，每一户人家都把自己带来的酒倒入大酒缸中，很快就把大酒缸装满了，然后大家围着酒缸唱歌跳舞。到了庆典即将落幕时，村长带领众人伏地谢天，并舀起酒缸里的酒，每人一杯。待村长念完了酬神的祈祷文之后，大家纷纷举杯向天，然后准备开怀畅饮。没想到酒还没喝完，大伙儿的脸色就全变了，每个人皆面有愧色，你看我，我看你，面面相觑，良久吐不出一句话来。

原来，每户人家所提供的都不是酒而是清水。

1. 请说说故事讲述的是团队合作中的一种什么情况？

____

____

____

____

____

2. 该故事对你有什么启示？

____

____

____

____

____

我最响亮

按一定的逻辑，将成员分成若干组。给大家10分钟的时间讨论与准备，要求各组起一个响亮的组名，利用已有材料制作一面组旗，选一首歌曲作为组歌，想一个展现本组风采的口号。要求各组说明组名的含义，然后集体演唱组歌亮相并喊口号。

1. 请说说你们的组名的含义。

____

____

____

2. 为什么要选择这首歌和设计这样的亮相

____

____

____

3. 在设计过程中你发现了什么？

____

____

____

沙漠奇案

“一个男人在撒哈拉沙漠中一丝不挂地躺着，死了，周围没有任何痕迹……”各位青年警官，这是本案的案情，接下来各组可以通过轮流使用封闭型问题的方式查问唯一的目击证人，但目击证人只会回答“是”或“不是”，不会提供其他供词，你们的任务是了解案情并查明真相。

1. 你认为真相应该是什么？

2. 讨论：你认为你们组查问证人的方式好吗？

3. 你有什么更好的建议吗？

小孙进入市场部不久，就发现在这个十来个人的部门里，有一个三四人的小圈子。这几个人相互之间的工作做得特别默契，但对这个圈子外的人则多少有点不配合，有时甚至暗中使绊。部门经理睁一只眼闭一只眼，而那个圈子的核心人物的无形影响似乎比经理还大。这些天，那个圈子里的马大姐中午有事没事跟小孙套近乎，昨天问他父母是做什么的，今天问他有没有女朋友。当她知道小孙现在没有女朋友时，马上表示愿意为他当“红娘”。小孙知道马大姐是想拉自己“下水”，成为他们那个圈子里的人，小孙有些犹豫，如果不进入他们那个圈子，今后自己在工作中也难免会遭到刁难，如果进入他们那个小圈子，自己又从心里厌恶这种拉帮结派的行为，他有点不知所措……

1. 假如你是小孙，你会如何选择？为什么？

____

____

____

____

____

____

2. 你是如何看待这个问题的？请说说你的建议。

____

____

____

____

____

____

温总理说过：一个很小的问题，乘以13亿，都会变成一个大问题；一个很大的总量，除以13亿，都会变成一个小数目。

我们这样理解：一点很小的力量，乘以13亿，都会变得无坚不摧；一个很大的困难，除以13亿，都会变得微不足道。

因此：三个臭皮匠赛过一个诸葛亮，只有团结起来，才能发挥更大的作用！

专题二

修炼高效沟通

有人说：过去靠“双肩一双手”求生存；后来凭着“笔杆子—高学历”谋发展；现在和未来则是靠“好口才—好职商”闯天下！沟通从心开始，我们才能“越沟通，越成功”！

沟通是一种能力，并不是一种本能，它不是天生具备的，而是一种需要我们后天培养，需要我们努力学习、努力修炼的能力。

项目一　把握有效沟通的内涵

一、任务布置

情景一

销售部门的陈经理是个很稳重、很为下属着想的好领导。他总是默默地为下属谋福利，也经常找各种理由慰劳下属。今年部门评了先进，陈经理自己掏腰包请部门的人一起吃饭庆祝。可是，他刚走到办公室门口就听到部门的两个同事在抱怨：小张不屑地说道：“陈经理就只会请客吃饭笼络人心，遇到我们真正需要帮助的事情，他没一件办成的。上次公司办培训的事，大家都想参加，一来可以有几天休息调整的机会，二来工作了这么长时间我们也总得充充电吧。别的部门都报了不少名额，可我们连一个都没报上去，真不知道他是怎么想的。”

门外的陈经理听到下属如此评论自己，不免有些委屈。其实培训的事情陈经理根据下属的需求早就反映到了人力资源部门，可一直以来老板认为销售部人员不稳定，不愿意给所有员工都投入成本去培训，他也很无奈。这事陈经理从来没跟大家提，他以为大家都懂他，可是……

如果你是陈经理，你打算如何消除与下属之间的误解？

情景二

某技校机电1班的班集体一直以来都一团和气，可是这段时间班里的气氛很压抑，因为班上的几个同学由于挨了班主任的批评而对班干部记恨在心，甚至联合班上的同学故意对抗班干部。其实，这几个同学挨批评是常有的事，他们之所以记恨是因为感觉被出卖了。本来他们在班干部的教育下已经知道抄袭作业是不对的，也准备去找老师主动承认错误，可是想不到班主任已经早一步知道了事情的始末！他们认为是班干部跑到班主任处告的状。事实上班干部并没有告状，班主任是从任课老师处了解到的情况。

如果你是班干部，你知道了这些同学生气的原因后会怎么做?

知识目标： 通过合力完成各项任务，理解沟通的概念，体会沟通的重要性，在完成任务的过程中既可自我感悟知识点，也可提升自己的自学能力以及与他人合作的能力。

任务一 任务描述

通过网络查找有关材料，共同讨论，展示沟通的概念，完成《把握有效沟通的内涵》任务书Ⅰ。

任务实施

《把握有效沟通的内涵》任务书 I

班别________ 组别________ 完成时间________

任务	任务要求	组员姓名	任务分工	得分/分
展示沟通的概念	通过网络查找有关资料，共同讨论，以图文的方式展示沟通的概念	组长：	统筹全组工作	
		演讲能手：	代表小组发言	
		情报专家：	负责在网上收集资料	
		监督专员：	监督并协助情报专家收集资料	
		书记员：	文字记录及资料整理	
		绘图高手：	简单绘制“沟通”的图画	
沟通的概念（文字表述）				
沟通的概念（图画表述）				
师生总结				

任务二 任务描述

任务实施

通过网络搜索有关资料，相互讨论，总结善于沟通的好处，完成《把握有效沟通的内涵》任务书Ⅱ。

《把握有效沟通的内涵》任务书Ⅱ

班别________ 组别________ 完成时间________

任务	任务要求	组员姓名	任务分工	得分/分
总结善于沟通的好处	搜集身边实例或者工作中善于沟通的案例，并列举善于沟通的好处	组长：	任务分工，统筹全组工作	
		演讲能手：	代表小组发言	
		情报专家：	负责在网上收集资料	
		监督专员：	监督并协助情报专家收集资料	
		书记员：	文字记录及资料整理	
善于沟通的案例	1. 2.			
善于沟通的好处				
师生总结				

任务三

任务描述

任务实施

寻找实际例子说明缺乏沟通的害处，完成《把握有效沟通的内涵》任务书Ⅲ。

《把握有效沟通的内涵》任务书Ⅲ

班别________　组别________　完成时间________

任务	任务要求	组员姓名	任务分工	得分/分
总结缺乏沟通的害处	搜集身边实例或者工作中缺乏沟通的案例，并列举缺乏沟通的害处	组长：	任务分工，统筹全组工作	
		演讲能手：	代表小组发言	
		情报专家：	负责在网上收集资料	
		监督专员：	监督并协助情报专家收集资料	
		书记员：	文字记录及资料整理	
缺乏沟通的案例	1. 2.			
缺乏沟通的害处				
师生总结				

我的放大镜

知识点一：沟通究竟是什么

沟通是为了一个设定的目标，把信息、思想和情感在个人或群体间传递，并且达成共同协议的过程。它包含信息传递与接收的行为，发送者凭借一定的渠道，将信息传递给接收者，并寻求反馈以达到相互理解的过程。

它有三大要素：①要有一个明确的目标；②达成共同的协议；③沟通信息、思想和情感。

知识点二：沟通的重要性

交流沟通是人类行为的基础，也是企业管理的关键。松下幸之助有句名言："企业管理过去是沟通，现在是沟通，未来还是沟通。"不管到了什么时候，企业管理都离不开沟通。

在工作中，需要与上级、下级、相关部门，尤其是与客户进行各种不同层次的沟通。有了良好的沟通，办起事来才畅行无阻。

（1）良好沟通的益处：能获得更多更好的合作；能减少误解；能使人更乐于作答；能使人觉得自己的话值得聆听；能使自己办事更加井井有条；能增强自己进行清晰思考的能力……然而，许多问题都是由沟通不当或缺少沟通而引起的，结果会不可避免地导致误传或误解。

（2）沟通不当或缺乏沟通的害处：给人留下不良印象，影响个人形象和企业声誉；产生误解与鸿沟；容易发生摩擦与矛盾；错过合作机会……

我的记事本

沟通的概念：人与人之间、人与群体之间思想与感情的传递和反馈的过程，以求思想达成一致和感情的通畅 → 沟通的重要性 →

- 善于沟通的好处 → 能获得更多更好的合作；能减少误解；能使人更乐于作答；能使人觉得自己的话值得聆听；能使自己办事更加井井有条；能增强自己进行清晰思考的能力……
- 缺乏沟通或者沟通不当的害处 → 给人留下不良印象，影响个人形象和企业声誉；产生误解与鸿沟；容易发生摩擦与矛盾；错过合作机会……

我的储蓄罐

天堂不快乐

有一次，上帝问一只被囚在笼中的画眉："你愿意到天堂去生活吗？""为什么要去那里呢？"画眉问。"天堂宽敞明亮，不愁吃喝。""可我现在也很好啊。我吃喝拉撒全由主人包办，风不吹头，雨不打脸，还能天天听见主人说话、唱歌。"画眉回答。"可是，你自由吗？"听了上帝的话，画眉沉默了。于是，上帝以胜利者的姿态把画眉带到了天堂。

他把画眉安置在翡翠宫里住下，便忙着处理其他事务去了。

一年后，上帝突然想起了画眉，便去翡翠宫看望它。他问画眉："啊，我的孩子，你过得还好吗?"画眉答道："感谢上帝，我活得还好。""那么，你能谈谈在天堂里生活的感受吗?"上帝真诚地问。画眉长叹一声，说："唉，这里什么都好，只是没有人和我说话，使我无法忍受。您还是让我回到人间吧。"听了这话，上帝不禁大为感慨。

短了四寸的裤子

小宇明天要参加小学毕业典礼，他高高兴兴地上街买了条裤子，可惜裤子长了两寸。吃晚饭的时候，趁阿婆、妈妈和嫂子都在场，小宇把裤子长两寸的问题说了一下，饭桌上大家都没有反应，饭后这件事情也没有再被提起。

妈妈睡得比较晚，临睡前想起儿子第二天要穿的裤子长了两寸，于是就悄悄地把裤子剪好缝好放回原处。半夜里，被狂风惊醒的嫂子突然想起小宇的裤子长了两寸，于是披衣起床将裤子处理好后安然入睡。第二天一大早，阿婆醒来给孙子做早饭时，想起孙子的裤子长了两寸，马上"快刀斩乱麻"。结果，小宇只好穿着短四寸的裤子去参加毕业典礼。

沟通不当导致水管接错，自来水公司脏水案结果出炉

调查发现，墨尔本自来水公司的职员因为水管道故障而喝了本来用于冲洗厕所和洗涤设备的脏水。

根据独立调查组确认，3月在Carrum地区东部自来水处理厂的事故竟然持续发生了三个星期，很多职员因此病倒。这次事故中，B级水这种不适合人类饮用的水被错误地接到了饮用水管上，在新行政大楼的一个厨房中，职员喝到的是脏水，有22名职员报告说出现了肠胃炎症状。

根据《世纪报》报道，在进行外部调查后发现，一些管道没有按照澳洲标准进行标注。职员们投诉说水中有怪味、变色，几周后真正的问题才被暴露出来。

墨尔本自来水公司总裁施金纳（Rob Skinner）说，这次事件很令人遗憾。调查报告发现，因为沟通问题，项目管理方的行为导致水管工接错了管道。

墨尔本自来水公司估计该事故导致了20万澳元的经济损失，包括医疗支出和咨询费。调查过程中，医生、职场安全调查员以及人力服务厅的官员都到达了现场。

施金纳透露说，所有员工都已经恢复健康。

沟通不力就是水来覆舟

有一天，几个人一起搭船渡河，在船行至河中间的时候，忽然一场暴风雨袭来，眼看船就要被大水冲翻，船夫马上指挥大家行动，他先命令一位十五六岁模样的少年骑在船中的横木上，然后又指挥两名木匠划桨。可因为水势太凶猛，船还在不停摇晃，船家不容分说地把少年所带的玉米扔入河中，接着转身把两名木匠带的山货也丢进水里，唯独他自己那个木箱没有丢。大家看他这么做心里非常生气，于是趁他不备的时候合伙将那个沉重的木箱扔进了水里。谁知道这么一来，船马上像纸片一样在水面上漂起来，根本无法操纵，只摆了几下，就在一块大礁石上撞翻了，所有人都被甩到了急流中。原来箱子里装的是石头，用来稳住船的，箱子被扔了，船也就无法平稳了。

你言我语

1. 任务评估

任务完成评价表

班别 ________ 组长 ________ 组员 ________ ____年____月____日

今天，在课堂上 1. 我们新学了 ________________； 还未弄懂的地方是 ________________ ________________。
2. 我们最感兴趣的地方是 ________________， 我们表现最棒的地方是 ________________ ________________。
3. 在小组协作、讨论中，对小组作出最大贡献的同学是 ________________， ________________ ________________。
4. 老师和其他同学给我们的评语是 ________________， 我们今后需要改进的地方是 ________________ ________________ ________________。
5. 关于这些所学知识，我们还有一些自己的想法，希望老师知道的是 ________________ ________________ ________________ ________________ ________________。

你思我想

2. 任务反馈

同学们，请运用你学习的知识，说明陈经理应该如何避免类似误解的产生？

____

____

五、任务巩固

初次见面

假设现在是全班同学的第一次见面，大家先来感受一下：

1. 全班同学都安静地坐在自己的位置上，不交谈，不进行任何交流，保持5分钟。

2. 进行游戏，游戏规则和程序如下：

（1）让所有人都蹲下，扮演鸡蛋。

（2）互相找同伴猜拳，胜者进化为小鸡，可以站起来。

（3）小鸡和小鸡猜拳，胜者进化为凤凰，输者退化为鸡蛋；鸡蛋和鸡蛋猜拳，胜者才能再进化为小鸡。

（4）继续游戏，看看谁是最后一个变成的凤凰。

相关讨论

对比没有任何交流和开心游戏的不同感受，这说明了什么？

没有交流时的感受是：____

____

开心游戏时的感受是：____

____

这说明：____

____

传递密码

1. 分组竞赛，用时短、传递准确者胜；排成纵队从后往前传递数字。

2. 要求如下：

（1）数字是老师随机编写的。

（2）学生在比赛过程中不准交谈。

（3）后一个同学的位置不得超越前一个同学的位置。

（4）整个纵队每正确传递一个数字得1分；分数相等的，以用时少的组为胜。

（5）违规组取消成绩。

同学们，请运用你丰富的经验和渊博的知识帮助机电1班的班干部化解危机，谈谈具体做法。

项目二 重视人际沟通的礼仪

一、任务布置

情景一

某照明器材厂的业务员金先生按原计划，手拿企业新设计的照明器材样品兴冲冲地登上六楼，脸上的汗珠未来得及擦一下，便直接走进了客户张经理的办公室，正在处理业务的张经理吓了一跳。“对不起，这是我们企业设计的新产品，请您过目。”金先生说。张经理停下手中的工作，接过金先生递过的照明器材，随口赞道：“好漂亮啊！”并请金先生坐下，倒上一杯茶递给他，然后拿起照明器材仔细研究起来。金先生看到张经理对新产品如此感兴趣，如释重负，便往沙发上一靠，跷起二郎腿，一边吸烟一边悠闲地环视着张经理的办公室。当张经理问他电源开关为什么装在这个位置时，金先生习惯性地用手搔了搔头皮。虽然金先生作了较详尽的解释，张经理还是半信半疑。谈到价格时，张经理强调说：“这个价格比我们的预算高出很多，能否再降低一些？”金先生回答：“我们经理说了，这是最低价格，一分钱也不能再降了。”张经理沉默了半天没有开口。金先生却有点沉不住气，不由自主地拉松领带，眼睛盯着张经理，张经理皱了皱眉说：“这种照明器材的性能先进在什么地方？”金先生又搔了搔头皮，反反复复地说：“造型新、寿命长、节电。”张经理托辞离开了办公室，只剩下金先生一个人。金先生等了一会儿，感到无聊，便非常随便地拿起办公桌上的电话，同一个朋友闲谈起来。

请你指出金先生在与张经理沟通的整个过程中出现的问题。

情景二

技校毕业生小A凭着优异的成绩和过硬的技能顺利通过了某大型汽车公司的笔试，很快收到该公司的面试通知。面试当天，他把自己精心打扮了一番，花衬衫、黑色休闲裤、一头时髦的鸡冠发，还喷了浓浓的香水。整个面试过程中小A对答如流，表现良好。他满怀信心地等待着聘用通知，可是聘用通知一直没有来，他百思不得其解，便想方设法找到当天的面试官寻求原因……

如果你是当天的面试官，你拒绝录取小A的理由是什么？

知识目标： 通过本部分内容的学习，引导学生认识到礼仪在沟通中的重要性，并能掌握基本的沟通礼仪，养成讲文明、重礼仪的良好习惯。

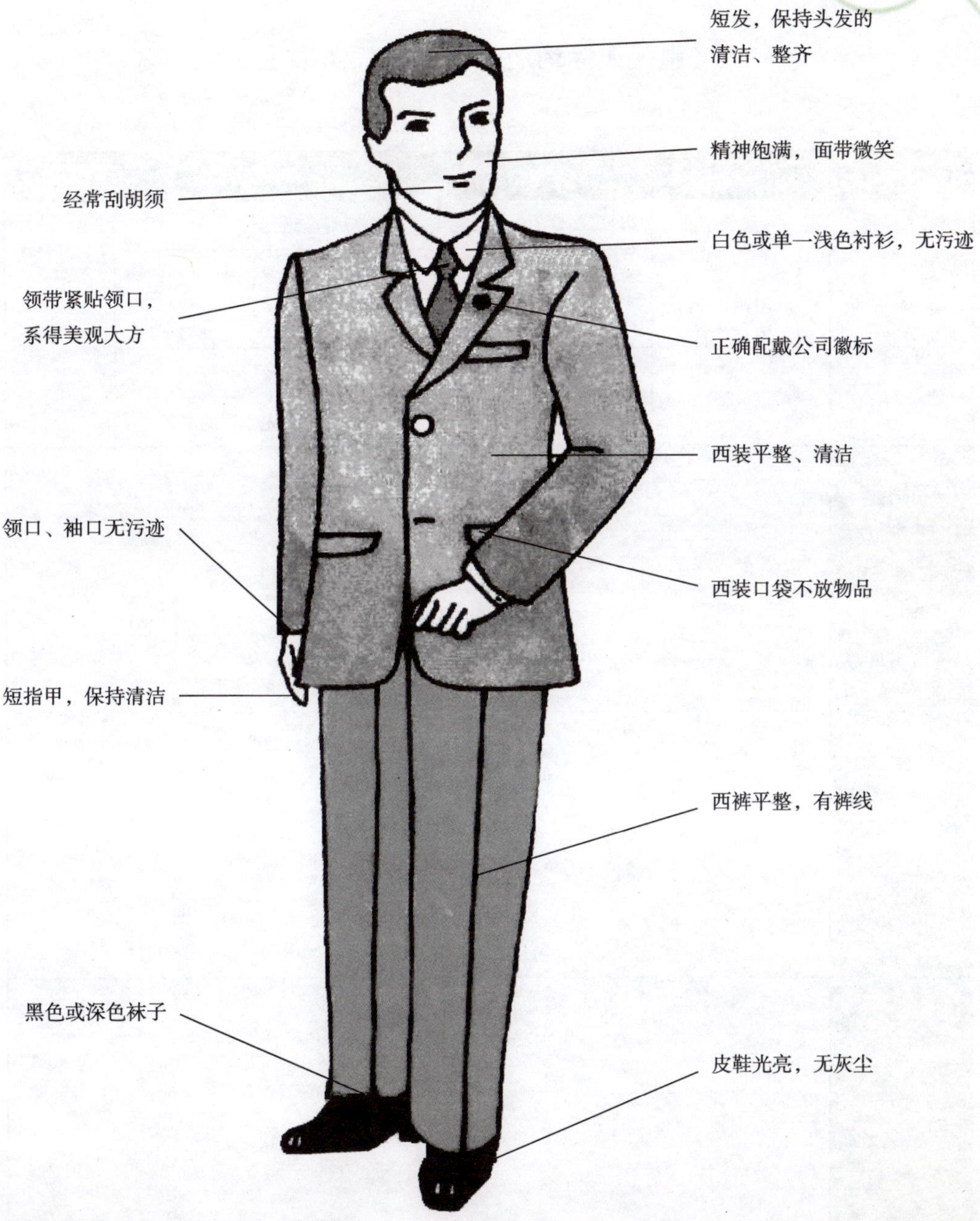
短发，保持头发的
清洁、整齐
精神饱满，面带微笑
经常刮胡须
白色或单一浅色衬衫，无污迹
领带紧贴领口，
系得美观大方
正确配戴公司徽标
西装平整、清洁
领口、袖口无污迹
西装口袋不放物品
短指甲，保持清洁
西裤平整，有裤线
黑色或深色袜子
皮鞋光亮，无灰尘

任务一 任务描述

任务实施

为金先生整理着装，完成《重视人际沟通的礼仪》任务书Ⅰ。

《重视人际沟通的礼仪》任务书Ⅰ

班别＿＿＿＿ 组别＿＿＿＿ 完成时间＿＿＿＿

任务	任务要求	组员姓名	任务分工	得分/分
为金先生整理着装	以图画、语言描述的方式展示	组长：	统筹全组工作	
		演讲能手：	代表小组发言	
		模特：	扮演“金先生”展示着装	
		书记员：	文字记录及资料整理	
		形象设计师：	画出“金先生”的服装	
金先生的着装问题大揭秘（文字表述）				
金先生的着装整理（图文并茂）				
师生总结				

任务二

任务描述

任务实施

为金先生整改面容，完成《重视人际沟通的礼仪》任务书Ⅱ。

《重视人际沟通的礼仪》任务书Ⅱ

班别________　组别________　完成时间________

任务	任务要求	组员姓名	任务分工	得分/分
为金先生整改面容	发现并整改金先生在与张经理沟通时的面部问题	组长：	统筹全组工作	
		演讲能手：	代表小组发言	
		模特：	扮演“金先生”展示面容	
		美容师：	为“金先生”整改面容	
		书记员：	文字记录及资料整理	
金先生面容上存在的问题	眼睛： 鼻子： 嘴巴： 脸： 微笑：			
整改意见				
师生总结				

任务三 任务描述

任务实施

为金先生规范肢体动作，完成《重视人际沟通的礼仪》任务书Ⅲ。

《重视人际沟通的礼仪》任务书Ⅲ

班别________ 组别________ 完成时间________

任务	任务要求	组员姓名	任务分工	得分/分
为金先生规范肢体语言	找出金先生在整个沟通过程中肢体语言运用不恰当的地方，并做出示范	组长：	统筹全组工作	
		演讲能手：	代表小组发言	
		模特：	扮演“金先生”展示肢体动作	
		形体教练：	指导“金先生”沟通时的肢体动作	
		书记员：	文字记录及资料整理	
金先生在沟通过程中肢体语言运用不恰当的地方	头部： 肩部： 手： 脚：			
规范动作示范				
师生总结				

我的放大镜

知识点一：什么是礼仪

在职场中第一印象是相当重要的，因此我们无法避免适度地包装自己的形象，使他人能被我们的人格特质和专业形象所吸引。在面对面的沟通过程中，个人的礼仪更是关键。

从礼仪的应用角度来看，礼仪在人际交往过程中的行为规范被称为礼节，在人们的言语动作上的表现被称为礼貌。

从传播的角度来看，礼仪是社会生活中必不可少的进行相互沟通的一种技巧。

从人际交流的角度来看，礼仪是人们交往中非常实用的一种交流艺术，是调节人际关系的一种良好的润滑剂，是约定俗成的示人以尊重、友好的一种通行做法。

知识点二：现代人为什么学礼仪

洛杉矶大学的教授亚伯特·米瑞比恩（Albert Mehrabian）曾经研究过，第一印象的产生基本上受到以下三个因素影响：

（1）55%来自视觉（外表及非语言的沟通）。

（2）38%来自声调（语调的运用）

（3）7%来自语言（谈话内容）

因此，“不学礼，无以立”，“人无礼则不生，事无礼则不成，国无礼则不宁”。礼仪是人际沟通的润滑剂。

知识点三：沟通礼仪规范

（1）仪容仪表：保持头发清爽干净，男士短发，女士忌披散头发。着装应当符合自己的职业、年龄、场合，搭配协调。

（2）面部表情：随时保持面部清洁、口气清新，经常面带微笑。眼光柔和，眼神坚定地注视对方，注视对方的范围应该从眼睛往下延伸至嘴巴及下颚。

（3）肢体语言：注意把握与对方的距离，保持1.2~2.1m的距离最为适宜。抬头挺胸，背脊挺直，尽量不要双手交叉于胸前，不要前后左右摇晃自己的身体。握手时一定要站着，坚定地握住对方的手掌，且注意力度，以微笑的眼神注视着对方。不要拨弄自己的手，扯自己的头发，这容易使人产生负面的评价。善用手势，手势要大方、丰富以及具有美感。

我的记事本

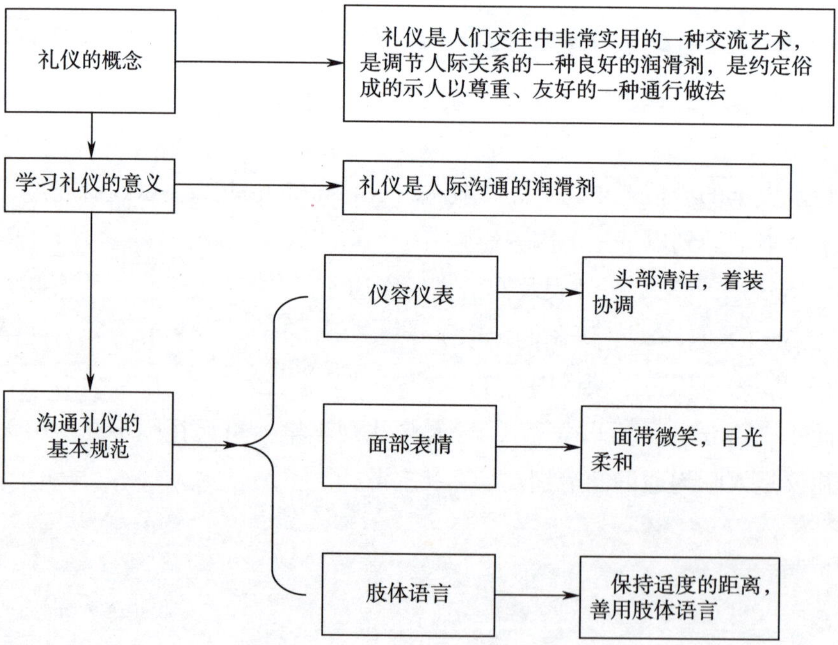

我的储蓄罐

头部、眼睛和嘴部不同形态可以表示不同的含义。

1. 头部

侧向一旁——对谈话有兴趣。

头挺得笔直——对对方的谈话持中立态度。

低头——对对方的谈话不感兴趣或持否定态度。

点头——同意。

摇头——否定。

昂首——骄傲。

垂头——沮丧。

侧看——不服。

2. 眼睛

眼神能够最明显、最自然、最准确地显示出一个人的心理活动。

（1）眼神注视对方的时间：注视对方时间的长短是十分有讲究的。

① 表示友好。向对方表示友好时，应不时地注视对方，注视对方的时间约占全部相处时间的1/3。

② 表示重视。向对方表示关注，应常常把目光投向对方那里，注视对方的时间约占相处时间的2/3。

③ 表示轻视。目光经常游离对方，注视对方的时间不到全部相处时间的1/3，这意味着轻视。

④ 表示敌意。目光始终盯在对方身上，注意对方的时间占全部相处时间的2/3以上，这样做被视为有敌意或有寻衅滋事的嫌疑。

⑤ 表示感兴趣。目光始终盯在对方身上，偶尔离开一下，注视对方的时间占全部相处时间的2/3以上，这样做也可以表示对对方感兴趣。

（2）眼神注视的角度：注视别人时，目光的角度（即目光从眼睛里发出的方向）可以表示出与交往对象的亲疏远近。

① 平视也叫正视，即视线呈水平状态，常用在普通场合与身份、地位平等的人进行交往时。

② 侧视是平视的一种特殊情况，即位于交往对象的一侧，面向并平视着对

方。侧视的关键在于面向对方，若为斜视对方，即为失礼之举。

③ 仰视即主动居于低处，抬眼向上注视他人，以表示尊重、敬畏对方。

④ 俯视即向下注视他人，可表示对晚辈的宽容、怜爱，也可表示对他人的轻慢、歧视。

（3）眼神注视的部位：

① 双眼。注视对方双眼，表示自己重视对方，但时间不要太久。

② 额头。注视对方额头，表示严肃、认真、公事公办。

③ 眼部至唇部。注视这一区域，表示礼貌、尊重对方。

④ 眼部至胸部。注视这一区域，多用于关系密切的男女之间，表示亲近、友善。

⑤ 眼部至裆部。注视这一区域，多用于注视相距较远的熟人，表示亲近、友善，但不适用于关系一般的异性。

⑥ 任意部位。对他人身上的某一部位随意一瞥，多用于在公共场合注视陌生人，最好慎用。

3. 嘴部

微笑——放松。

张得大大的——极度震惊或者诧异。

无意识微微张开——专注。

嘴唇两端稍稍向后——集中精力听。

嘴唇相互挤压——遇到问题。

咬嘴唇——可能在分析别人说的话。

嘴巴抿成一条线——下定决心。

努嘴——不屑。

撇嘴——不屑。

你言我语

1. 任务评估

任务完成评价表

班别________ 组长________ 组员________ ____年____月____日

今天，在课堂上 1. 我们新学了________________________________； 还未弄懂的地方是________________________________ ________________________________。
2. 我们最感兴趣的地方是________________________________， 我们表现最棒的地方是________________________________， ________________________________。
3. 在小组协作、讨论中，对小组作出最大贡献的同学是________________， ________________________________。
4. 老师和其他同学给我们的评语是________________________________， 我们今后需要改进的地方是________________________________ ________________________________。
5. 关于这些所学知识，我们还有一些自己的想法，希望老师知道的是________________ ________________________________。

你思我想

2. 任务反馈

人们常说：“没有礼仪就没有成功的事业。”请你根据所学的内容，找出自己在与人沟通过程中存在的礼仪问题，并给自己制定整改方案。

____

____

____

游戏：肢体语言

没有肢体语言的帮助，一个人说话会变得很拘谨，但是过多或不合适的肢体语言也会让人望而生厌。自然、自信的肢体语言会使我们的沟通更加自如。

游戏规则和程序：

（1）学生分组，每组2人。各组内部进行2～3分钟的交流，交谈的内容不限。

（2）当大家停下以后，请组员彼此说一下对方有什么非语言表现，包括肢体语言或表情，比如有人爱眨眼，有人会不时地撩一下自己的头发，并询问做出这些动作的同学是否注意到自己的这些行为。

（3）让大家继续讨论2～3分钟，但这次讨论不要有任何肢体语言，看看与前一次讨论有什么不同。

请运用你学习的知识，列出面试官拒绝小A的理由，并指导其改正。

项目三　学会设身处地的倾听

一、任务布置

情景一

小A和小B同时从一所技校毕业，所学的专业都是电子商务，毕业后一同进入一家农贸公司跑业务，两人都很用心地工作，也做出了一番成就。两年后，老板决定提拔小B当业务经理。当人事命令一公布，小A就冲进老板的办公室很委屈地跟老板说：“我的业务水平并不比小B差，我的成绩甚至比她还好，凭什么提拔她不提拔我！”老板笑了笑，说：“你别急，先帮我办个事。请你到东街的农产品批发市场帮我看看是否有人在卖马铃薯。”小A虽然气愤，但也碍于老板的命令，只得到农产品批发市场去转了一圈，回来就向老板报告说有一个老头在卖马铃薯。老板又问：“那他的马铃薯多少钱一斤呢？”小A只是去看了看，并不是真去买，所以没有问价钱，她只得又跑了一趟市场，回来向老板汇报说：“老头的马铃薯卖一块五一斤。”老板紧接着又问：“那他总共有多少马铃薯？”小A急了，有点不悦地说：“老板，拜托你把问题一次问清楚好吗？省得我跑来跑去！”老板还是笑了笑，把小B叫了进来，对小B说：“请你到东街的农产品批发市场帮我看看是否有人在卖马铃薯。”小B欣然接受命令出去了。过了一会儿，小B回来了，她很兴奋地跟老板讲：“东街有个老伯在卖马铃薯，马铃薯的价格是一块五毛钱一斤，他说马铃薯是他自家种的，田地里还有上万斤呢。我想我们如果跟老伯收购马铃薯，他的价格应该还可以再低些，然后我们把收购回来的马铃薯高价转卖到市里去，应该可以赚一笔的！”

经理同样的一句话，但小A和小B完成的程度不一样，请帮小A找出差距。

情景二

美国耐克公司老板在创办运动鞋事业之前是一位爱好晨练的人。他每次晨练与熟人相遇，总听人说：早晨跑步，挺费鞋，要不了几天就跑坏一双胶鞋，而且胶鞋不透气，脚容易臭……

你觉得美国耐克公司老板听到了什么？

知识目标： 善于倾听的人，可以掌握他人的心声，促进情感的交流与互动，同时也意味着对他人的尊重。因此，沟通中我们要善于倾听，窥出说话者的重重心幕。本部分旨在引导学生学会用心倾听，提高沟通的能力。

任务一 任务描述

在嘈杂的环境中交流、体验，完成《学会设身处地的倾听》任务书Ⅰ。

任务实施

《学会设身处地的倾听》任务书Ⅰ

班别________ 组别________ 完成时间________

任务	任务要求	组员姓名	任务分工	得分/分
在嘈杂的环境中交流、体验	两名同学轮流跟组员交流关于“倾听”的观点，两人旁观，其他组员充耳不闻或者敷衍了事	组长：	统筹全组工作	
		交流者：	发表老师给的关于“倾听”的观点	
		倾听者：	A玩手机，B发呆，C敷衍	
		书记员：	文字记录及资料整理（记录各人的表现及表情，记录讨论观点）	
		旁观者：	观察交流中各人的动态并客观思考	

交流中各人的表现以及表情变化（旁观者记录）

个人的表现表情	交流者A	交流者B	倾听者A	倾听者B	倾听者C
旁观者A					
旁观者B					

小组讨论（发表自己的感受及观点）

组长：

交流者A:

交流者B:

倾听者A:

倾听者B:

倾听者C:

师生总结（教师先提问倾听者关于材料中的内容）

任务二 任务描述

任务实施

体验在交流中被打断的感受，完成《学会设身处地的倾听》任务书Ⅱ。

《学会设身处地的倾听》任务书Ⅱ

班别________ 组别________ 完成时间________

<table>
<tr><th>任务</th><th>任务要求</th><th>组员姓名</th><th>任务分工</th><th>得分/分</th></tr>
<tr><td rowspan="5">体验在交流中被打断的感受</td><td rowspan="5">两名同学轮流跟组员交流关于“倾听”的观点，两人旁观，其他组员经常不恰当地打断</td><td>组长：</td><td>统筹全组工作</td><td rowspan="5"></td></tr>
<tr><td>交流者：</td><td>发表老师给的关于“倾听”的观点</td></tr>
<tr><td>倾听者：</td><td>A、B、C经常不恰当地打断交流者的发言</td></tr>
<tr><td>书记员：</td><td>文字记录及资料整理（记录各人的表现及表情，记录讨论观点）</td></tr>
<tr><td>旁观者：</td><td>观察交流中各人的动态并客观思考</td></tr>
<tr><td>交流中各人的表现以及表情变化（旁观者记录）</td><td colspan="4"><table>
<tr><th>个人的表现表情</th><th>交流者A</th><th>交流者B</th><th>倾听者A</th><th>倾听者B</th><th>倾听者C</th></tr>
<tr><td>旁观者A</td><td></td><td></td><td></td><td></td><td></td></tr>
<tr><td>旁观者B</td><td></td><td></td><td></td><td></td><td></td></tr>
</table></td></tr>
<tr><td>小组讨论（发表自己的感受及观点）</td><td colspan="4">组长：
交流者A:
交流者B:
倾听者A:
倾听者B:
倾听者C:</td></tr>
<tr><td>师生总结（教师先提问倾听者关于材料中的内容）</td><td colspan="4"></td></tr>
</table>

任务三 任务描述

体验专注倾听的感受和收获，完成《学会设身处地的倾听》任务书Ⅲ。

任务实施

《学会设身处地的倾听》任务书Ⅲ

班别 ________ 组别 ________ 完成时间 ________

<table>
<tr><th>任务</th><th>任务要求</th><th>组员姓名</th><th>任务分工</th><th>得分/分</th></tr>
<tr><td rowspan="5">体验专注倾听的感受和收获</td><td rowspan="5">两名同学轮流跟组员交流关于“倾听”的观点，两人旁观，其他组员专注倾听</td><td>组长：</td><td>统筹全组工作</td><td rowspan="5"></td></tr>
<tr><td>交流者：</td><td>发表老师给的关于“倾听”的观点</td></tr>
<tr><td>倾听者：</td><td>A、B、C专注倾听，并适当做笔记</td></tr>
<tr><td>书记员：</td><td>文字记录及资料整理（记录各人的表现及表情，记录讨论观点）</td></tr>
<tr><td>旁观者：</td><td>观察交流中各人的动态并客观思考</td></tr>
<tr><td>交流中各人的表现以及表情变化（旁观者记录）</td><td colspan="4"><table>
<tr><th>个人的表现表情</th><th>交流者A</th><th>交流者B</th><th>倾听者A</th><th>倾听者B</th><th>倾听者C</th></tr>
<tr><td>旁观者A</td><td></td><td></td><td></td><td></td><td></td></tr>
<tr><td>旁观者B</td><td></td><td></td><td></td><td></td><td></td></tr>
</table></td></tr>
<tr><td>小组讨论（发表自己的感受及观点）</td><td colspan="4"></td></tr>
<tr><td>师生总结（教师先提问倾听者关于材料中的内容）</td><td colspan="4"></td></tr>
</table>

我的放大镜

知识点一：倾听的重要性

倾听能激发对方的谈话欲。
倾听可获取重要的信息。
倾听能发现说服对方的关键。
倾听可掩盖自身弱点。
善听才能善言。
倾听可使你获得友谊和信任。

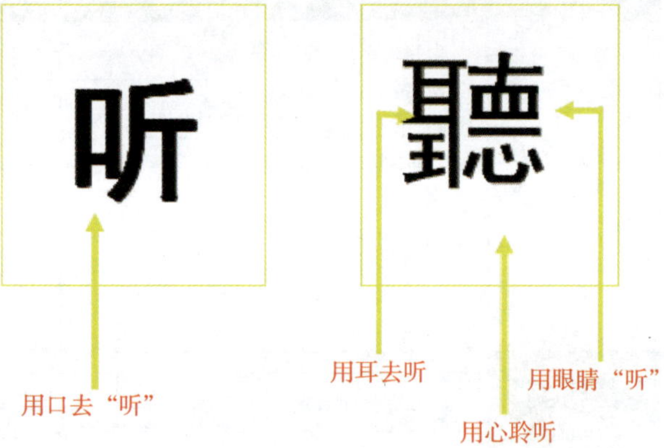

知识点二：倾听的技巧

（1）投入：保持安静，排除干扰；集中精力，心无旁骛；虚怀若谷，用心聆听；知己知彼，胸有成竹。

（2）理解：客观冷静，克服偏听；抓住重点，把握关键；观察表情，揣摩心态；换位思考，触类旁通；同理心听，弦外之音。

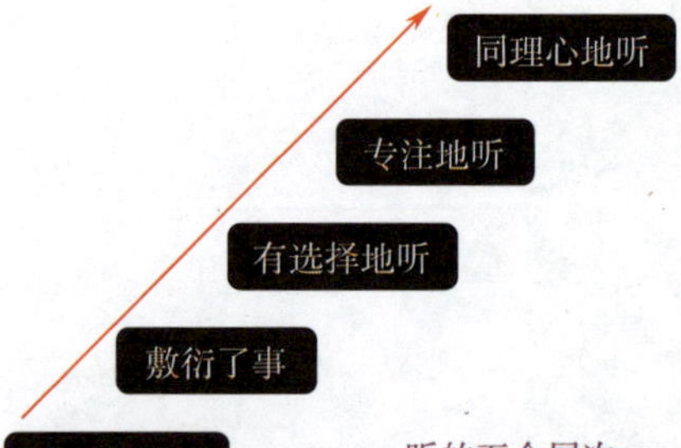

听的五个层次

（3）记忆：简单复述，修正错误；求证理解，记录重点；集中精神，科学记忆。

（4）反馈：80%的倾听是收集有效信息的过程，20%的说话是组织资料进行有效思考的过程。在听与说的过程当中有机互动，倾听与响应双剑出鞘，才能无往而不胜。

反馈的关键：尊重信赖，真诚互动；诚恳回应，恰当提问；语义明确，反应适度；宽容大度，巧妙道歉；幽默风趣，澄清误会；获得认同，赢得尊重。

我的记事本

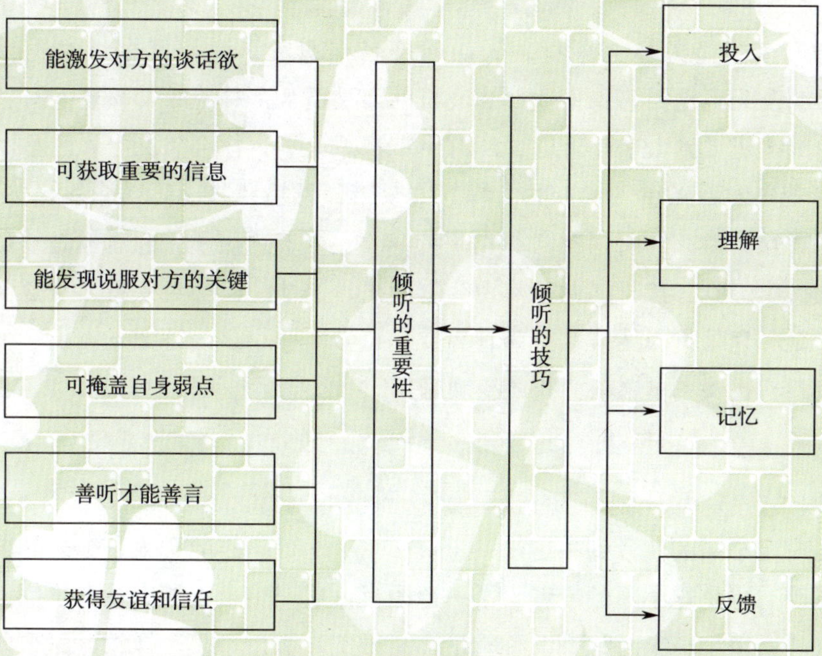

我的储蓄罐

不听我的话，吃亏的可是你喔

一位顾客急匆匆地来到公园小卖部的柜台前，说："小姐，你刚才算错了50元……"出纳小姐满脸不高兴地说："你刚才为何不点清楚，对不起，离柜不认。"顾客说："那好，谢谢你多给了我50元。"然后扬长而去，出纳小姐则目瞪口呆。

你笑了吗

美国知名主持人林克莱特一天访问一名小朋友，说："你长大后想做什么呀？"小朋友天真地回答："我要当飞机的驾驶员！"林克莱特接着问："如果有一天，你的飞机飞到太平洋上空，所有引擎都熄火了，你会怎么办？"小朋友想了想："我会先告诉坐在飞机上的人绑好安全带，然后我挂上降落伞跳出去。"当在现场的观众笑得东倒西歪时，林克莱特继续注视着这孩子，想看他是不是自作聪明的家伙。没想到，孩子的两行热泪夺眶而出，这才使得林克莱特发现孩子的悲悯之情。于是林克莱特问他说："为什么要这么做？"小孩的答案透露出一个孩子真挚的想法："我要去拿燃料，我还要回来！"

倾听的价值

曾经有个小国的使者到中国来，进贡了三个一模一样的金人，金碧辉煌，把皇帝高兴坏了。可是这小国的使者出了一道题目：这三个金人哪个最有价值？皇帝想了许多办法，请来珠宝匠检查，称重量，看做工，都是一模一样的。怎么办？使者还等着回去汇报呢。泱泱大国，不会连这件小事都不懂吧？最后，有一位老大臣说他有办法。皇帝将使者请到大殿，老大臣胸有成竹地拿着三根稻草，分别插入三个金人的耳朵里。插入第一个金人的耳朵时，这根稻草从另一边耳朵出来了。第二个金人的稻草从嘴巴里直接掉了出来。而第三个金人，稻草从耳朵进去后掉进了肚子里，什么响动也没有。老臣说："第三个金人最有价值。"使者默默无语，答案正确。

这个故事的寓意是：最有价值的人不一定是最能说的人。老天给我们两只耳朵一个嘴巴，本来就是让我们多听少说的。善于倾听，才是成熟的人最基本的素质。

以“听”壮大企业

沃尔玛的创始人山姆·沃尔顿一生都在勤勉地工作。在他60多岁的时候，每天仍然从早上4点半就开始工作，直到晚上，偶尔还会在凌晨4点访问某一处配送中心，与员工一起吃早点。他常自己开着飞机，从一家分店跑到另一家分店，每周至少有 4 天花在这类访问上，有时甚至 6 天。 20世纪70年代，公司壮大了，山姆不可能遍访每家分店，但他还会跑到自己的超市里，专门去听顾客的很多抱怨，然后他用行动消除掉这些不满。 山姆正是通过听员工、听顾客、听各个分店的声音，了解沃尔玛运营状况和顾客需求的。

用心倾听，商机无限

出身寒门的曾林堂曾任丰田汽车(中国)投资有限公司副总经理。1980年，他加入加拿大Bennett-Dunlop福特销售公司。在当时的销售大厅里，曾林堂是惟一的中国人。从上班第一天起，曾林堂就暗下决心：一定要建立自己在汽车行业的地位。担任汽车销售员时，曾林堂就是想帮顾客挑一辆他真正喜欢的车。 有一位农场主，当他第一次走进展厅时，曾林堂就感觉到他的挑剔。“不用多说了，再便宜些我就买了。”曾林堂还没有开始介绍车的配置、性能，这位农场主就开口提出要求。 他耐心地询问、倾听对方的需求、喜好，最终为农场主选择了一款真正满足他需要的车。第一笔生意就这样做成了。 以后，每逢来了新款车型，无论能否成功，曾林堂都会打电话告诉农场主。几年下来，这位农场主一家就在曾林堂手上买了10辆车，还给他介绍了许多顾客。正是用心倾听，了解了客户的真正需求，才会有源源不断的顾客找上门来。

你言我语

1. 任务评估

任务完成评价表

班别______ 组长______ 组员______ ____年____月____日

今天，在课堂上 1. 我们新学了______________________； 还未弄懂的地方是______________________ ______________________。
2. 我们最感兴趣的地方是______________________， 我们表现最棒的地方是______________________。
3. 在小组协作、讨论中，对小组作出最大贡献的同学是______________________ ______________________。
4. 老师和其他同学给我们的评语是______________________， 我们今后需要改进的地方是______________________ ______________________。
5. 关于这些所学知识，我们还有一些自己的想法，希望老师知道的是______________________ ______________________。

你思我想

2. 任务反馈

通过学习，大家能判断情景一中小A和小B的倾听分别属于第几个层次吗？请说明你的判断依据。

____

____

____

五、任务巩固

游戏一：比比谁的听力最好

请大家闭上眼睛倾听1分钟。在这1分钟的时间里你能听到几种声音？

游戏结束后自由讨论：都听到什么声音了？在同样的环境下，有的同学听到了许多种声音，而有的同学却只听到几种，考虑一下为什么会出现这样的差异？

游戏二：你读我画

（1）从班上随机找一位学生，将事先准备好的一张图画通过语言“读”出来。班上其他学生依据读图者的描述画出图形，过程进行中学生不能发问，也不能传达肢体信息，保持单向沟通的状态，直到读图者读完为止。

（2）另外随机找一位学生读另一张图，其他学生依据读图者所读内容画出图形，过程中学生可以发问，但每次只能一个人问，按照双向沟通方式进行，一直到双方都觉得已完成为止。

请您从美国耐克公司老板的角度把他听到的东西记录下来。

____

____

____

____

____

____

项目四 提升与人交谈的技巧

一、任务布置

情景一

嘉嘉是某大型商场的销售经理，一次她经过一个鞋类销售柜台，看到一个女顾客在那里大呼小叫地要求换个尺码的鞋子，服务员不冷不热地满足了她的要求，她还不满意，使得专柜里好几个顾客都停下挑选，好奇地向这边观望。

嘉嘉站在原地看了几分钟，就知道服务员为什么不热情了，因为这是一个“刺头”顾客，已经试了好几个款式，还没有决定买哪一双，并且这个顾客在已经打了折的价格基础上还在讨价还价，使得服务员很不耐烦。

嘉嘉走到该顾客面前……

请你扮演嘉嘉，把与顾客的对话写出来。

情景二

小强是某技校2011级汽车驾驶与维修1班的班长，他自担任班长以来，一直都尽心尽力做好自己的工作。小强做事公平公正，对班里的违纪现象能大胆管理，可是他感到很郁闷，因为班上很多同学都对他有意见，他想不通，明明那些同学做得不对，他只是很客观地指出他们的错误，为什么大家都不接受呢？今天早上，一个同学随处丢垃圾，刚好被小强发现，于是他上前去呵斥："你有没有搞错啊？经常乱丢垃圾！班里的卫生又得因为你而扣分了！"该同学很气愤地说道："关你什么事！"小强很无奈。

请你思考，小强的话明明是对的，但是为什么同学听不进去呢？如果是你，你会怎么对丢垃圾的同学说？

知识目标： 人各有其情，各有其性。一个成功的沟通者的最大特点就是，无论什么样的人都能与之和平相处。本部分主要从交谈技巧方面入手，帮助学生提高沟通能力。

任务一 任务描述

化解各种尴尬，完成《提升与人交谈的技巧》任务书Ⅰ。

任务实施

《提升与人交谈的技巧》任务书Ⅰ

班别________ 组别________ 完成时间________

任务	任务要求	组员姓名	任务分工	得分/分
化解各种尴尬	把教师设定的交流中几种常见的尴尬情景巧妙化解	组长：	统筹全组工作	
		演讲能手：	代表小组发言	
		武林高手团：	想方设法化解各种尴尬	
		“墨斗”先生们：	演绎各种尴尬情景	
		书记员：	文字记录及资料整理	
组内讨论：武林高手团的化解招数行得通吗？				
组内讨论：谁的功力更深厚？				
师生总结				

任务二 任务描述

任务实施

体验并感悟与不同的人交谈的感受，完成《提升与人交谈的技巧》任务书Ⅱ。

《提升与人交谈的技巧》任务书Ⅱ

班别________ 组别________ 完成时间________

任务	任务要求	组员姓名	任务分工	得分/分
体验并感悟与不同的人交谈的感受	把教师设定的谈话内容与不同年龄的人进行交流	组长：	统筹全组工作	
		演讲能手：	代表小组发言	
		沟通大师：	与不同年龄层的人交流既定观点	
		变脸高手：	扮演不同年龄层的交流对象	
		书记员：	文字记录及资料整理	
组内讨论（与不同年龄层的人交流的感受）	与小辈交流需注意： 与同龄人交流需注意： 与长辈交流需注意： 与家人交流需注意： 与同学、同事交流需注意：			
组内讨论（总结）				
师生总结				

任务三 任务描述

寻找批评与指正的最佳方式，完成《提升与人交谈的技巧》任务书Ⅲ。

任务实施

《提升与人交谈的技巧》任务书Ⅲ

班别______ 组别______ 完成时间______

任务	任务要求	组员姓名	任务分工	得分/分
寻找批评与指正的最佳方式	尝试各种批评与指正他人的方式，找出最好的方式	组长：	统筹全组工作	
		演讲能手：	代表小组发言	
		被批评者（2人）：	感受别人对自己的批评与指正	
		“施令员”：	向被批评者提出指正与批评	
		书记员：	文字记录及资料整理	
组内讨论：批评与指正的方式有哪些？				
组内讨论：怎样的批评与指正方式最容易让人接受？				
师生总结				

任务四

任务描述

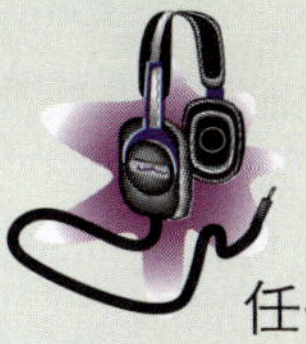

任务实施

演绎情景一的对话，完成《提升与人交谈的技巧》任务书Ⅳ。

《提升与人交谈的技巧》任务书Ⅳ

班别_______ 组别_______ 完成时间_______

任务	任务要求	组员姓名	任务分工	得分/分
演绎情景一的对话，寻找问题的最佳解决方案	扮演嘉嘉、顾客、服务员进行对话，体验并寻找最佳的解决方案	组长：	统筹全组工作	
		嘉嘉：	与顾客对话，解决问题	
		“刺头”顾客：	责怪嘉嘉和服务员的工作	
		服务员：	与顾客对话，并旁观嘉嘉的表现	
		书记员：	文字记录及资料整理	
组内讨论：（列举各种解决问题的对话方式）				
组内讨论：（寻找最好的解决方案并列举注意事项）				
师生总结				

我的放大镜

知识点一：调控声音

声音是一种威力强大的媒介，通过它可以赢得别人的注意，能创造有益的氛围，并鼓励别人聆听。

（1）音高与语调：低沉的声音庄重严肃，一般会让听众更加严肃、认真地对待。尖锐或粗暴刺耳的声音给人的印象是反应过火，行为失控。使用一种经过调控的语调表明你知道自己在做什么，使人对你信心百倍。

（2）语速：急缓适度的语速能吸引听者的注意力，使人易于吸收信息。如果语速过快，听者就会无暇吸收说话的内容；如果过慢，声音听起来就非常阴郁悲哀，令人生厌，听者就会转移注意力；如果说话吞吞吐吐、犹豫不决，听者就会不由自主地变得十分担忧、坐立不安。自然的呼吸间隙能使人吸收所说的内容。建设性地使用停顿能给人以片刻的时光进行思考，并在聆听下一则信息之前消化前一则信息。

（3）强调：适时改变重音能强调某些词语。如果没有足够地强调重音，听者就不清楚哪些内容很重要。但如果强调太多，听者转瞬就会变得晕头转向、不知所云，而且非常倦怠，除了非常耗心力之外，什么也想不起来。

（4）面带微笑：两件事可以有助于较好地使用自己的声音：站立能使身体挺直，这样能使呼吸轻松自然，声音更加清楚明亮。微笑能提升声带周围的肌肉，使声音更加温和友善。

知识点二：打造良好交谈的高招

因人而异，投其所好，设立共鸣；
察言观色，把握时机，讲究方式；
求同存异，拿捏分寸，立场坚定；
设身处地，委婉进言，扭转乾坤；
坦诚相对，善用赞美，沟通双赢。

知识点三：三明治策略

肯定+事实+肯定：第一段赞美是接受他的人格，第二段是明确地表达事实，第三段赞美是再次肯定人格，突显对事不对人。

例子：

清洁工在扫厕所的时候，常常还没等到卫生组长来检查，就偷着跑回去了。经常惹得卫生组长很气愤，这时候就可以应用三明治策略了。

前段赞美，对“人”的认同：“我知道你是一个善解人意而且尽职尽责的人，从你刚来的时候就可以看出来，所以，大家对你的评价也很好的。”

犯错的事实及惩罚：“但是卫生组长最近常跟我反映，厕所的清洁工作，常常她还没检查，你就回去了。尤其最近，她都是自己先替你把不符合标准的地方打扫干净才回家的。我想你一定是太累了，才会等不及卫生组长来检查。但为了公平起见，不让你在单位里有特权，留下把柄给别人议论，我一定要按照规定处罚你！”

后段赞美，再次对“人”的肯定：“我想你是一个有责任感的人，一定不希望让别人说你不负责任！你也是一个善解人意的人，一定知道卫生组长的辛苦和好意，我相信无论是扫厕所或是擦玻璃，你都会好好完成，做到最好，可别辜负我对你的期望啊。”

有技巧地进行批评与指正既能达到目的，又能让人欣然接受，何乐而不为？

我的记事本

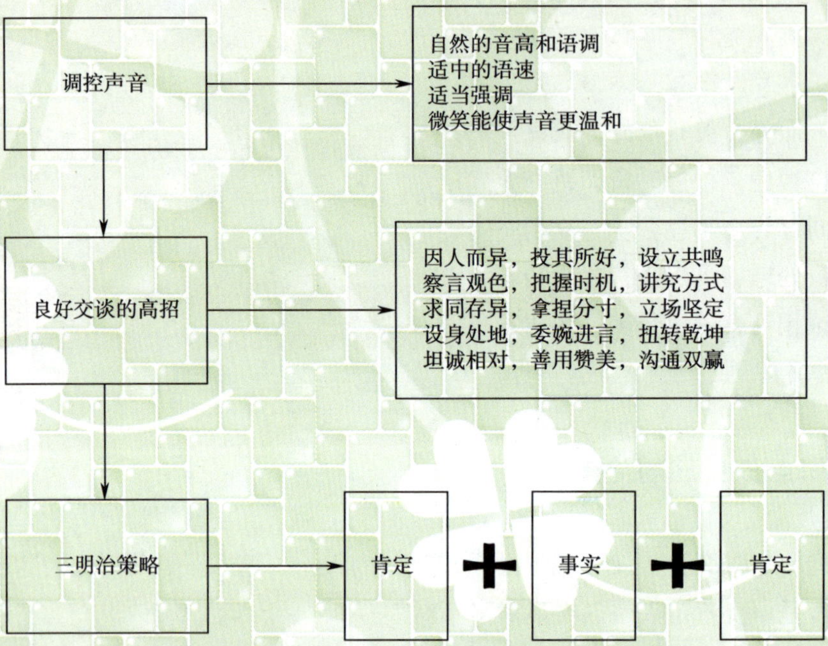

我的储蓄罐

有效沟通的一些基本原则

（1）不要想当然地认为听众会领悟你没有直接表达的意思。

（2）说完整的句子 。

（3）不要将主观看法当做客观事实。

（4）避免使用双重否定。

（5）根据对象选择合适的语言。

（6）避免使用模糊和存在歧义的语言。

完美沟通模式

一个完美的沟通模式必须包括以下六大部分的内容：

（1）关心的话：关心对方的生活，注重对方的事业，以了解对方的需求，只有这样才能做到心中有数，然后抓住对方的需求点，有针对性地去沟通，才容易打动对方，达成共识。

（2）赞美的话：赞美是做人的一种美德，当然必须是真诚的赞美才有效，人在听到赞美时往往难以拒绝别人的建议或意见。另外，赞美可以提高人的信心。

（3）感谢的话：有一段富有哲理的话是这样说的："感激斥责你的人，因为他助长了你的智慧；感激绊倒你的人，因为他强化了你的能力；感激遗弃你的人，因为他教导了你应该自立；感激欺骗你的人，因为他增进了你的见识；感激伤害你的人，因为他磨炼了你的心志……"在感恩的空气中，人们自发地真正做到严于律己，宽以待人，正视错误，互相帮助……沟通才可以平心静气，有效进行。

（4）认同的话：当对方有不同的意见时，应先认同对方的观点，然后再作引导和解释，有个简单的模式是："我知道……但是……""对……可是……""你说的很对，但从另一角度来说……"在沟通过程中，多说、快说、会说是不够的，说对话才是有效的，话不在多而在精。

（5）鼓励的话：鼓励、引导对方敞开心扉，才能真正地了解到对方的想法，达成沟通的目的。

声东击西救烛邹

齐景公非常喜欢打猎，喂养了一些捉野兔的老鹰，这些老鹰由烛邹管理。有一次，烛邹不小心让一只老鹰逃走了，齐景公知道后大发雷霆，要将烛邹斩首。

晏子对齐景公说："烛邹罪不可赦，不能就这么轻易杀了他，让我来宣布他的三条罪状吧，然后再将他处死！"

齐景公点头允许。于是晏子指着烛邹数落着："烛邹，你为大王养鸟却让鸟逃走了，这是第一条罪状；你使大王为了鸟的缘故而要杀人，这是第二条罪状；把你杀了，让天下诸侯知道大王重鸟轻士，这是你的第三条罪状！好啦，大王，请将他处死吧！"

齐景公听出了晏子的话中之话，只好说："算啦，不用杀了。"

你言我语

1. 任务评估

任务完成评价表

班别________ 组长________ 组员________ ____年____月____日

今天，在课堂上 1. 我们新学了________________； 还未弄懂的地方是________________ ________________。
2. 我们最感兴趣的地方是________________， 我们表现最棒的地方是________________ ________________。
3. 在小组协作、讨论中，对小组作出最大贡献的同学是________________， ________________。
4. 老师和其他同学给我们的评语是________________， 我们今后需要改进的地方是________________ ________________。
5. 关于这些所学知识，我们还有一些自己的想法，希望老师知道的是________________ ________________。

你思我想

2. 任务反馈

你很不容易在朋友的帮助下争取到一份兼职工作，今天是你第一天上班，你准备好好表现自己。在朋友的介绍下，你知道跟你一起共事的还有几个人，分别是尖酸刻薄的花姐、多愁善感的Merry、沉默冷酷的Ivan，你打算如何跟他们介绍自己呢？

____

____

游戏一：穿衣服

游戏规则和程序如下：

（1）挑选两名志愿者A和B，其中A扮演老师，B扮演学生，A的任务就是在最短的时间内教会 B怎么穿西服（假设B既不知道西服是什么，又不知道应该怎么穿）。

（2）B要扮演一位学习能力比较弱的学生，例如：A让他抓住领口，他可以抓住口袋，让他把左胳膊伸进左袖子里，他可以伸进右袖子里。

（3）有必要的话，可以让全班同学辅助A来帮助B穿衣服，但注意只能作出口头指示，任何人不能给B以行动上的支持。

（4）推荐给A一种卓有成效的办法：示范给B看怎么穿西服。以下是工作指导的经典四步培训法：

① 解释应该怎么做。

② 演示应该怎么做。

③ 向学生提问，让他们解释应该怎么做。

④ 请学生自己做一遍。

相关讨论：怎样才能使A与B进行更好的沟通？

游戏二：不要激怒我

游戏规则和程序如下：

（1）将学生分组，但要保证是偶数组，每两组进行一场游戏；告诉学生：他们正处在商务场景中，如商务谈判、老板对员工进行业绩评估等。

（2）每组发一张白纸，各组必须在3分钟时间内用头脑风暴的方法列举出尽可能多的会激怒别人的话语，如“不行”、“这是不可能的”等，各小组要注意避免让其他小组事先了解到本组会使用的话语。

（3）各小组写出一个1分钟的剧本，当中要尽可能多地出现那些激怒人的词语，时间为10分钟。

（4）评分标准：①每个激怒性的词语给1分；②根据激怒性词语的激怒程度

给1～3分不等；③如果表演者使用这些会激怒对方的词语并表现出真诚、合作的态度，另外加5分。

（5）每两组中的一个小组先开始表演，另一个小组的学生在纸上写下他们所听到的激怒性词语。

（6）表演结束后，让表演的小组确认他们所说的那些激怒性词语，必要时要对其作出解释，然后两个小组互换任务，重复上述过程。

（7）全部表演结束之后，大家一起给各小组打分，得分最高的那一组颁发“火上浇油奖”。

游戏三：恶语伤人六月寒

（1）在生活中，如果用恶毒的言语伤害过他人或者因别人的言语而备受伤害，请依据受伤害程度的深浅用筷子狠狠地扎在心形泡沫上。

（2）想象你与被伤害的人已经和好，把筷子拔出来。

（3）观察心形泡沫，伤害过了，它能回复原状吗？

游戏四：跨越障碍

（1）两人一组（A和B），A蒙上眼睛，B随机设置“障碍”。

（2）A从起点开始走，B站在终点面对A口述注意事项并指引A通过障碍，如“向左走，笔直走5m……”

（3）交换角色，B蒙上眼睛，A指引B走路。

有一家餐厅为招揽顾客，每当顾客餐后离去时总要奉上一盒点心，内附一张小卡片，卡片上印有“吉祥如意”、“幸福快乐”等吉言。有两位餐厅的老顾客，在结婚后的第一天满怀喜悦地光临这家餐厅，当他们期待着收到良好祝愿的时候，打开点心盒却意外地发现没有往常的卡片，顿时觉得很不吉利，心里很不高兴，便找来老板“兴师问罪”，但是不论老板怎么赔礼道歉，他们就是不接受。

请运用你学习的知识为餐厅化解危机。

因为手和脚的沟通，收获了无边的麦穗。
因为眼和嘴的沟通，绽开了动人的笑脸。
因为大脑和心灵的沟通，诞生了无数的发明。
因为有了人与人的沟通，世界变得无限精彩！
沟通从心开始，我们才能“越沟通越成功！”

实训工场

以组为单位，采访一个与自己专业相关的职业人，以纸质形式把采访过程记录下来，并在班上集中进行展示。

一、分组要求

1. 形成有个性的团队名字：

2. 选出有魄力的队长：

3. 确定采访的主题：

4. 进行明确的分工（分工参考）：

（1）联络员（负责联系采访对象）：

（2）记者（负责拟订采访稿子并采访“职业人”）：

（3）书记员（记录整个团队的活动过程）：

（4）记录员（负责拍摄或者记录采访现场）：

（5）发言人（代表小组上台展示）：

二、活动进度表

三、活动思考

时间	内容	负责人
	确定活动进度表	队长

1. 在整个活动中，我的表现如何：

____

____

____

2. 在整个活动中，团队其他成员的表现如何：

____

____

____

3. 在活动中，我有何疑惑：团队遇到了哪些难题？

4. 在活动过程中，我是否学以致用了？

5. 如果再一次进行同样的活动，我将会怎么做？

四、采访稿粘贴处

五、作品粘贴

六、活动留影

七、活动感受

参考文献

[1] 许本洲，罗京宁. 就业与创业指导［M］. 北京：电子工业出版社，2009.

[2] 刘德恩. 就业设计教师用书［M］. 上海：华东师范大学出版社，2008.

[3] 唐凯麟，蒋乃平. 职业道德与职业指导［M］. 北京：高等教育出版社，2001.

[4] 蒋乃平. 职业生涯规划［M］. 北京：高等教育出版社，2009.

[5] 杜爱玲，蒋乃平. 职业生涯设计学习指导［M］. 北京：高等教育出版社，2007.

[6] 徐飚. 职业素养基础教程［M］. 北京：电子工业出版社，2009.

[7] 龚晓路，黄锐. 员工职业素养培训［M］. 北京：中国发展出版社，2005.

[8] 吴甘霖. 一生成就看职商：一流员工的职业素养［M］. 北京. 机械工业出版社，2006.

[9] 何山. 工作中要有好人品［M］. 北京：中国长安出版社，2008.

[10] 艾于兰，赵海霞. 职业素养开发与就业指导［M］. 北京：机械工业出版社，2010.

[11] 苏琳. 沟通艺术［M］. 北京：机械工业出版社，2008.

[12] 陈德明，祁金利. 大学生生涯规划与管理［M］. 北京：高等教育出版社，2008.